Cuaderno de estudio para el examen del DMV de California:

Tu guía esencial para el examen de manejo de California

Domina el examen del DMV de California con los mejores exámenes de práctica para conductores de California

Introducción

Bienvenido a la "Guía del Examen del DMV de California". Este libro ha sido diseñado para ayudarte a prepararte de manera efectiva para el examen de manejo del Departamento de Vehículos Motorizados (DMV) de California. Ya sea que estés solicitando una licencia de conducir por primera vez, renovando tu licencia o buscando obtener una licencia para una clase específica de vehículo, este libro te proporcionará los recursos necesarios para alcanzar el éxito.

El examen del DMV de California es un paso crucial en tu camino hacia convertirte en un conductor legal y seguro en este estado. Comprender las leyes de tránsito, las señales de tráfico y las prácticas de conducción segura es esencial para garantizar tu seguridad y la de otros en las carreteras. Este libro está diseñado para cubrir todos los aspectos clave que debes dominar para aprobar el examen y obtener tu licencia de conducir.

Dentro de estas páginas encontrarás una variedad de información útil, incluyendo conceptos y reglas de tráfico, señales y marcas en las vías, procedimientos de manejo seguro, así como consejos y estrategias para abordar el examen de manera efectiva. También te proporcionaremos una serie de ejercicios de práctica diseñados para familiarizarte con el formato y el estilo de las preguntas que encontrarás en el examen real.

Recuerda que la preparación adecuada es clave para el éxito en el examen del DMV. Estudiar y practicar regularmente te dará la confianza necesaria para enfrentar el desafío con tranquilidad. Así que, toma este libro como tu compañero de estudio y aprovecha al máximo los recursos proporcionados.

¡Estamos comprometidos a ayudarte a convertirte en un conductor seguro y responsable en California! Estamos seguros de que este libro te guiará hacia el éxito en el examen del DMV. ¡Buena suerte en tu camino hacia obtener tu licencia de conducir en California!"

© Copyright 2023 by TestBoost - All rights reserved.

Tabla de Contenido

Leyes y señales de tráfico   1

Esto incluye el conocimiento de las leyes de tráfico de California, así como la comprensión de cómo interpretar y seguir las señales y señales de tráfico.

Examen de leyes y señales de tráfico   4

Respuestas correctas para el examen de leyes y señales de tráfico   8

Examen de leyes y señales de tráfico 2   9

Respuestas correctas para el examen de leyes y señales de tráfico 2   12

Examen de leyes y señales de tráfico 3   13

Respuestas correctas para el examen de leyes y señales de tráfico 3   17

Examen de leyes y señales de tráfico 4   18

Respuestas correctas para el examen de leyes y señales de tráfico 4   22

Examen de leyes y señales de tráfico 5   23

Respuestas correctas para el examen de leyes y señales de tráfico 5.   27

Control y seguridad del vehículo.   28

Esto incluye el conocimiento de cómo operar un vehículo de manera segura, incluyendo el uso adecuado de los frenos, el volante y la aceleración

Examen de control y seguridad del vehículo   31

Respuestas correctas para el examen de control y seguridad del vehículo   35

Examen de control y seguridad del vehículo 2   36

Respuestas correctas para el examen de control y seguridad del vehículo 2   40

Examen de control y seguridad del vehículo 3   41

Respuestas correctas para el examen de control y seguridad del vehículo 3   44

Examen de control y seguridad del vehículo 4   45

Respuestas correctas para el examen de control y seguridad del vehículo 4   49

Examen de control y seguridad del vehículo 5   50

Respuestas correctas para el examen de control y seguridad del vehículo 5   53

Alcohol y drogas   54

Esto incluye información sobre los efectos del alcohol y las drogas en la capacidad de conducir, así como las consecuencias legales de manejar bajo los efectos de sustancias.

Examen de alcohol y drogas	56
Respuestas correctas para el examen de alcohol y drogas	60
Examen de alcohol y drogas 2	61
Respuestas correctas para el examen de alcohol y drogas 2	64
Examen de alcohol y drogas 3	65
Respuestas correctas para el examen de alcohol y drogas 3	68
Examen de alcohol y drogas 4	69
Respuestas correctas para el examen de alcohol y drogas 4	72
Examen de alcohol y drogas 5	73
Respuestas correctas para el examen de alcohol y drogas 5	76

Equipamiento y mantenimiento del vehículo — 77

Esto incluye el conocimiento de las diversas partes de un vehículo y cómo mantenerlas adecuadamente, así como el conocimiento de cómo cargar y descargar un vehículo de manera segura.

Examen de equipamiento y mantenimiento del vehículo	80
Respuestas correctas para el examen de equipamiento y mantenimiento del vehículo	83
Examen de equipamiento y mantenimiento del vehículo 2	84
Respuestas correctas para el examen de equipamiento y mantenimiento del vehículo 2	88
Examen de equipamiento y mantenimiento del vehículo 3	89
Respuestas correctas para el examen de equipamiento y mantenimiento del vehículo 3	93
Examen de equipamiento y mantenimiento del vehículo 4	94
Respuestas correctas para el examen de equipamiento y mantenimiento del vehículo 4	97
Examen de equipamiento y mantenimiento del vehículo 5	98
Respuestas correctas para el examen de equipamiento y mantenimiento del vehículo 5	102

Compartiendo la vía — 103

Esto incluye información sobre cómo compartir de manera segura la vía con otros vehículos, peatones y bicicletas.

Examen de compartir la vía	106
Respuestas correctas para el examen de compartir la vía	109
Examen de compartir la vía 2	110

Respuestas correctas para el examen de compartir la vía 2	113
Examen de compartir la vía 3	114
Respuestas correctas para el examen de compartir la vía 3	117
Examen de compartir la vía 4	118
Respuestas correctas para el examen de compartir la vía 4	122
Examen de compartir la vía 5	123
Respuestas correctas para el examen de compartir la vía 5	126

Transporte de materiales peligrosos — 127

Esto incluye el conocimiento de las reglas y regulaciones relacionadas con el transporte de materiales peligrosos por vehículos comerciales.

Examen de transporte de materiales peligrosos	129
Respuestas correctas para el examen de transporte de materiales peligrosos	133
Examen de transporte de materiales peligrosos 2	134
Respuestas correctas para el examen de transporte de materiales peligrosos 2	138
Examen de transporte de materiales peligrosos 3	139
Respuestas correctas para el examen de transporte de materiales peligrosos 3	144
Examen de transporte de materiales peligrosos 4	145
Respuestas correctas para el examen de transporte de materiales peligrosos 4	148
Examen de transporte de materiales peligrosos 5	149
Respuestas correctas para el examen de transporte de materiales peligrosos 5	153

Registro y seguro de vehículos. — 154

Esto incluye información sobre los requisitos para registrar y asegurar un vehículo en California.

Examen de registro y seguro de vehículos	156
Respuestas correctas para el examen de registro y seguro de vehículos	160
Examen de registro y seguro de vehículos 2	161
Respuestas correctas para el examen de registro y seguro de vehículos 2	165
Examen de registro y seguro de vehículos 3	166
Respuestas correctas para el examen de registro y seguro de vehículos 3	169
Examen de registro y seguro de vehículos 4	170
Respuestas correctas para el examen de registro y seguro de vehículos 4	173
Examen de registro y seguro de vehículos 5	174

Respuestas correctas para el examen de registro y seguro de vehículos 5 — 177

Emergencias — 178

Esto incluye el conocimiento de cómo manejar diversos tipos de emergencias que pueden ocurrir mientras se conduce, como pinchazos de neumáticos, incendios y colisiones.

Examen de emergencias — 180

Respuestas correctas para el examen de emergencias — 183

Examen de emergencias 2 — 184

Respuestas correctas para el examen de emergencias 2 — 187

Examen de emergencias 3 — 188

Respuestas correctas para el examen de emergencias 3 — 192

Examen de emergencias 4 — 193

Respuestas correctas para el examen de emergencias 4 — 197

Examen de emergencias 5 — 198

Respuestas correctas para el examen de emergencias 5 — 202

Límites de tamaño y peso del vehículo. — 203

Esto incluye el conocimiento de los límites de tamaño y peso para los vehículos en las carreteras de California, así como las reglas para remolcar.

Examen de límites de tamaño y peso del vehículo — 205

Respuestas correctas para el examen de límites de tamaño y peso del vehículo — 209

Examen de límites de tamaño y peso del vehículo 2 — 210

Respuestas correctas para el examen de límites de tamaño y peso del vehículo 2 — 214

Examen de límites de tamaño y peso del vehículo 3 — 215

Respuestas correctas para el examen de límites de tamaño y peso del vehículo 3 — 218

Examen de límites de tamaño y peso del vehículo 4 — 219

Respuestas correctas para el examen de límites de tamaño y peso del vehículo 4 — 222

Examen de límites de tamaño y peso del vehículo 5 — 223

Respuestas correctas para el examen de límites de tamaño y peso del vehículo 5 — 227

Transporte público — 228

Esto incluye información sobre los diversos tipos de transporte público disponibles en California, así como las reglas para utilizarlos.

Examen de transporte público — 230

Respuestas correctas para el examen de transporte público	234
Examen de transporte público 2	235
Respuestas correctas para el examen de transporte público 2	239
Examen de transporte público 3	240
Respuestas correctas para el examen de transporte público 3	245
Examen de transporte público 4	246
Respuestas correctas para el examen de transporte público 4	250
Examen de transporte público 5	251
Respuestas correctas para el examen de transporte público 5	255
Conclusión	256

Leyes de Tráfico y Señales

El conocimiento de las leyes de tráfico y las señales viales es esencial para convertirse en un conductor seguro y responsable. En este capítulo, exploraremos en detalle los conceptos clave relacionados con las leyes de tráfico y las señales en el estado de California, centrándonos en los temas que son relevantes para el examen del DMV. Aprenderemos sobre las normativas de tráfico, las señales y marcas viales, y cómo interpretar y seguir adecuadamente las indicaciones en las carreteras californianas.

Normas de Tráfico en California

Las normas de tráfico en California están diseñadas para proteger a los conductores, peatones y ciclistas, y asegurar un flujo de tráfico eficiente. A continuación, exploraremos algunas de las reglas de tráfico más importantes que debes conocer:

Reglas de tráfico generales

Dentro de esta sección, aprenderás sobre las reglas de tráfico fundamentales que debes seguir al conducir en California. Esto incluye:

- **Límites de velocidad:** Conocer los límites de velocidad permitidos en diferentes tipos de vías y en diversas condiciones es esencial para una conducción segura y legal.

- **Prioridad de paso:** Comprender las reglas de prioridad de paso en intersecciones y cruces te permitirá saber quién tiene derecho a avanzar primero.

- **Intersecciones:** Aprenderás las diferentes formas de intersecciones y cómo abordarlas correctamente, ya sea con semáforos, señales de stop o señales de ceda el paso.

- **Cruces de peatones:** Conocer las reglas y regulaciones relacionadas con los cruces de peatones te ayudará a brindar la debida consideración y seguridad a los peatones que cruzan la calle.

- **Distancias de seguimiento seguras:** Mantener una distancia adecuada con el vehículo que te precede es esencial para evitar colisiones y permitir una reacción oportuna en caso de emergencia.

Conducir bajo la influencia

La conducción bajo los efectos del alcohol o las drogas es extremadamente peligrosa y está estrictamente penalizada en California. En este apartado, abordaremos los siguientes temas:

- **Límites legales de alcohol en sangre:** Aprenderás cuáles son los límites legales de alcohol en sangre para conductores mayores de 21 años, conductores menores de 21 años y conductores comerciales.

- **Sanciones por manejar bajo la influencia:** Conocerás las sanciones y consecuencias legales asociadas con la conducción bajo los efectos del alcohol o las drogas, incluyendo multas, suspensiones de licencia y programas de rehabilitación.

- **Consecuencias de la conducción bajo la influencia:** Entenderás los riesgos y peligros asociados con la conducción bajo los efectos del alcohol o las drogas, incluyendo el aumento de accidentes y la pérdida de vidas.

Señales de Tráfico

Las señales de tráfico son fundamentales para comunicar información esencial a los conductores. En esta sección, exploraremos los diferentes tipos de señales y cómo interpretarlas adecuadamente. Esto incluye:

- **Señales de regulación:** Aprenderás a reconocer las señales de regulación, como las señales de límite de velocidad, las señales de dirección obligatoria y las señales de prohibición.

- **Señales de advertencia:** Conocerás las señales de advertencia que te alertan sobre peligros potenciales en la carretera, como curvas pronunciadas, cruces de animales o zonas de construcción.

- **Señales de información:** Aprenderás cómo interpretar las señales de información, como las que te indican la dirección hacia ciudades, servicios o puntos de interés.

- **Marcas viales:** Explorarás las marcas y líneas viales utilizadas para guiar el tráfico, como líneas divisorias de carriles, cruces peatonales y zonas de no adelantar.

Conclusiones

En este capítulo, hemos cubierto los aspectos clave relacionados con las leyes de tráfico y las señales en el estado de California. Desde las reglas generales de tráfico hasta las normativas sobre conducir bajo la influencia y el conocimiento de las señales viales, es esencial tener un sólido entendimiento de estos temas para aprobar el examen del DMV y convertirte en un conductor seguro y responsable. Recuerda estudiar y practicar regularmente para afianzar tus conocimientos y cumplir con todas las reglas de tráfico y señales viales mientras conduces en California. ¡Buena suerte en tu examen y en tus futuras aventuras en las carreteras!

Con fines de entrenamiento, puedes marcar el símbolo ▢ junto a lo que creas que es la respuesta correcta. Una vez que hayas seleccionado la respuesta correcta, usa un lápiz o bolígrafo para marcar el símbolo ▢ junto a esa respuesta.

Con dedicación y esfuerzo, puedes llegar a dominar las leyes de tráfico y las señales, y estar bien preparado para tu examen de manejo en California. ¡Buena suerte!

Examen de leyes de tráfico y señales

1. ¿Qué significa una señal de tráfico con forma triangular?

A. ▢ Advertencia de peligro: Indica que hay un peligro en la vía más adelante.

B. ▢ Límite de velocidad máximo: Indica la velocidad máxima permitida en esa área.

C. ▢ Zona escolar: Indica la proximidad de una escuela y la necesidad de precaución.

D. ▢ Cruce de peatones: Indica la presencia de un cruce peatonal.

2. ¿Qué significa una luz amarilla intermitente?

A. ▢ Precaución, acelere y pase rápidamente: Indica que debes tener precaución y pasar rápidamente.

B. ▢ Deténgase si es seguro hacerlo: Indica que debes detenerte si es seguro hacerlo.

C. ▢ Continúe con precaución: Indica que puedes continuar, pero debes hacerlo con precaución.

D. ▢ Ceda el paso a los peatones: Indica que debes ceder el paso a los peatones que deseen cruzar.

3. ¿Cuál es la velocidad máxima permitida en zonas residenciales?

A. ▢ 25 millas por hora (40 kilómetros por hora)

B. ▢ 35 millas por hora (56 kilómetros por hora)

C. ▢ 45 millas por hora (72 kilómetros por hora)

D. ▢ 55 millas por hora (88 kilómetros por hora)

4. ¿Qué significa una línea amarilla continua en el centro de la carretera?

A. ▢ No se permite adelantar en ninguna circunstancia: Indica que no se permite adelantar otros vehículos en ninguna circunstancia.

B. ▢ Adelantamiento permitido solo durante el día: Indica que solo puedes adelantar a otros vehículos durante el día.

C. ▢ Adelantamiento permitido solo a velocidades reducidas: Indica que solo puedes adelantar a velocidades reducidas.

D. ▢ Adelantamiento permitido con precaución: Indica que puedes adelantar a otros vehículos, pero debes hacerlo con precaución.

5. ¿Qué indica una señal de tráfico octagonal de color rojo?

   A. ▢ Alto, detenerse: Indica que debes detenerte por completo.
   B. ▢ Ceder el paso: Indica que debes ceder el paso a otros vehículos.
   C. ▢ Zona de estacionamiento: Indica una zona designada para estacionar.
   D. ▢ No girar a la derecha: Indica que no debes girar a la derecha en la intersección.

6. ¿Cuál es el límite de velocidad máximo en las autopistas de California?

   A. ▢ 55 millas por hora (88 kilómetros por hora)
   B. ▢ 65 millas por hora (104 kilómetros por hora)
   C. ▢ 70 millas por hora (112 kilómetros por hora)
   D. ▢ 75 millas por hora (120 kilómetros por hora)

7. ¿Qué significa una señal de tráfico de forma triangular con el borde rojo y el interior blanco?

   A. ▢ Límite de velocidad mínimo
   B. ▢ Advertencia de zona escolar
   C. ▢ No girar a la izquierda
   D. ▢ Prohibición de adelantamiento

8. ¿Qué debes hacer cuando te acercas a un autobús escolar que está detenido con las luces rojas intermitentes encendidas?

   A. ▢ Venir a una parada completa, luego proceder cuando sea seguro.
   B. ▢ Detenerte y esperar a que el autobús continúe su camino.
   C. ▢ Continuar con precaución, prestando atención a los peatones.
   D. ▢ Continuar sin detenerte, ya que tienes la preferencia de paso.

9. ¿Qué debes hacer cuando te acercas a un vehículo de emergencia con luces y sirenas activadas?

   A. ▢ Mantén la velocidad y el carril actual.
   B. ▢ Disminuye la velocidad y cede el paso al vehículo de emergencia.
   C. ▢ Cambia de carril rápidamente para dar paso al vehículo de emergencia.
   D. ▢ Detente en el medio de la vía hasta que el vehículo de emergencia pase.

10. ¿Qué significa una señal de tráfico rectangular con la palabra "PEATONES"?

   A. ▢ Zona escolar
   B. ▢ Cruce de peatones
   C. ▢ No girar a la izquierda
   D. ▢ No pasar

11. ¿Cuál es la distancia mínima requerida para estacionar frente a un hidrante de incendios?

   A. ▢ 10 pies (3 metros)
   B. ▢ 20 pies (6 metros)
   C. ▢ 30 pies (9 metros)

D. ☐ 40 pies (12 metros)

12. ¿Cuál es la regla básica al conducir en carriles múltiples?

A. ☐ Mantenerse en tu carril en todo momento

B. ☐ Cambiar de carril sin señalizar

C. ☐ Adelantar siempre por el carril izquierdo

D. ☐ Utilizar los carriles de la derecha solo para vehículos lentos

13. ¿Qué debes hacer al acercarte a un cruce peatonal sin semáforo?

A. ☐ Detenerte y esperar a que el peatón cruce

B. ☐ Continuar sin detenerte, ya que tienes la preferencia

C. ☐ Reducir la velocidad y ceder el paso si hay peatones presentes

D. ☐ Girar a la derecha para evitar el cruce peatonal

14. ¿Qué significa una señal de tráfico rectangular con la palabra "SALIDA"?

A. ☐ Zona de estacionamiento

B. ☐ Salida

C. ☐ No girar a la derecha

D. ☐ No pasar

15. ¿Cuál es la distancia mínima requerida para estacionar frente a un hidrante de incendios?

A. ☐ 10 pies (3 metros)

B. ☐ 20 pies (6 metros)

C. ☐ 30 pies (9 metros)

D. ☐ 40 pies (12 metros)

Respuestas correctas para el examen de leyes de tráfico y señales:

1. A. El límite de velocidad máximo en autopistas en California es de 65 millas por hora (105 kilómetros por hora).

2. B. Una señal de tráfico triangular con el borde rojo y el interior blanco indica una zona de cruce peatonal.

3. A. Una luz intermitente roja significa detenerse por completo antes de continuar con precaución.

4. A. El color amarillo en una señal de tráfico generalmente indica precaución o advertencia.

5. A. Una señal de tráfico circular con una línea diagonal a través de un símbolo indica que está prohibido realizar una acción específica, como girar a la izquierda.

6. C. Una señal de tráfico rectangular con un símbolo de bicicleta indica una ruta o carril designado para ciclistas.

7. B. Una señal de tráfico de forma triangular con el borde rojo y el interior blanco indica advertencia de zona escolar.

8. A. Cuando te acercas a un autobús escolar detenido con las luces rojas intermitentes encendidas, debes venir a una parada completa, luego proceder cuando sea seguro.

9. B. Cuando te acercas a un vehículo de emergencia con luces y sirenas activadas, debes disminuir la velocidad y ceder el paso al vehículo de emergencia.

10. B. Una señal de tráfico rectangular con la palabra "PEDESTRIANS" indica un cruce peatonal.

11. B. Cuando te acercas a un semáforo amarillo intermitente, debes disminuir la velocidad y proceder con precaución.

12. B. Una señal de tráfico circular con una flecha roja y un borde rojo significa que no puedes girar a la derecha en ese cruce.

13. A. Cuando te acercas a una señal de alto, debes detenerte por completo antes de continuar.

14. C. Una señal de tráfico triangular con el borde rojo y el interior blanco indica una advertencia de cruce de peatones.

15. B. Para estacionar en un área designada para discapacitados, debes estar al menos a 20 pies (6 metros) de distancia del área designada.

Examen de leyes de tráfico y señales 2

1. ¿Cuál es la velocidad máxima en zonas residenciales en California?

A. ▢ 25 millas por hora (40 kilómetros por hora)

B. ▢ 35 millas por hora (56 kilómetros por hora)

C. ▢ 45 millas por hora (72 kilómetros por hora)

D. ▢ 55 millas por hora (88 kilómetros por hora)

2. ¿Qué significa una señal de tráfico triangular con el borde rojo y el interior amarillo?

A. ▢ Advertencia de cruce de peatones

B. ▢ Zona de construcción

C. ▢ Prohibición de adelantar

D. ▢ Límite de velocidad mínimo

3. ¿Cuál es el significado de una luz intermitente amarilla en un semáforo?

A. ▢ Precaución: Disminuir la velocidad y proceder con cuidado

B. ▢ Detenerse por completo y esperar el cambio de luz

C. ▢ Avanzar con precaución, cediendo el paso a otros vehículos

D. ▢ Significa que el semáforo está fuera de servicio

4. ¿Qué indica una señal de tráfico rectangular de color naranja con el texto "CONSTRUCCIÓN"?

A. ▢ Zona de construcción: Precaución, trabajadores en la vía

B. ▢ Parada de autobús escolar: Precaución, niños cruzando la calle

C. ▢ Advertencia de cruce de peatones: Precaución, peatones cruzando la calle

D. ▢ Límite de velocidad mínimo: Indica la velocidad mínima permitida en esa vía

5. ¿Cuál es la distancia mínima que debes mantener al seguir detrás de un vehículo de emergencia con las luces y sirenas encendidas?

A. ▢ 100 pies (30 metros)

B. ▢ 200 pies (60 metros)

C. ▢ 300 pies (90 metros)

D. ▢ 400 pies (120 metros)

6. ¿Cuál es el significado de una señal de tráfico rectangular con una flecha verde apuntando hacia la derecha?

A. ▢ Giro a la derecha permitido

B. ▢ Giro a la izquierda permitido

C. ▢ Avanzar en línea recta

D. ▢ Prohibido girar a la derecha

7. ¿Qué debes hacer cuando te acercas a un cruce de peatones sin señalización?

A. ▢ Parar y ceder el paso a los peatones

B. ▢ Continuar sin detenerte si no hay peatones cruzando

C. ▢ Disminuir la velocidad pero no es necesario detenerse

D. ▢ Sonar la bocina para alertar a los peatones

8. ¿Qué significa una señal de tráfico rectangular con el texto "NO ESTACIONAR"?

A. ▢ Zona de estacionamiento disponible

B. ▢ Prohibido estacionar en ese lugar

C. ▢ Estacionamiento exclusivo para vehículos eléctricos

D. ▢ Zona de estacionamiento temporal

9. ¿Qué debes hacer cuando te acercas a una intersección con un semáforo apagado?

A. ▢ Detenerte completamente y ceder el paso según las reglas de intersección de cuatro paradas

B. ▢ Continuar sin detenerte si no hay tráfico cruzando

C. ▢ Disminuir la velocidad pero no es necesario detenerse

D. ▢ Girar a la derecha sin detenerte, siempre y cuando sea seguro hacerlo

10. ¿Qué debes hacer cuando ves una señal de tráfico triangular con el borde rojo y el interior blanco?

A. ▢ Advertencia de cruce de ferrocarril

B. ▢ Zona de estacionamiento exclusivo para residentes

C. ▢ Advertencia de zona escolar

D. ▢ Zona de carga y descarga

11. ¿Cuál es el significado de una línea amarilla continua en el centro de la carretera?

A. ▢ No se permite adelantar

B. ▢ Solo se permite adelantar en ciertas áreas

C. ▢ Se permite adelantar en ambos sentidos

D. ▢ Se permite adelantar solo en el lado izquierdo de la línea

12. ¿Qué debes hacer cuando te acercas a una señal de alto?

A. ▢ Detenerte completamente y ceder el paso a otros vehículos

B. ▢ Disminuir la velocidad y proceder con precaución

C. ▢ Continuar sin detenerte si no hay tráfico cruzando

D. ▫ Girar a la derecha sin detenerte, siempre y cuando sea seguro hacerlo

13. ¿Qué indica una señal de tráfico circular con una X roja?

A. ▫ Prohibido el paso
B. ▫ Parada de autobús
C. ▫ Zona de estacionamiento exclusivo para discapacitados
D. ▫ Prohibido el estacionamiento

14. ¿Qué debes hacer cuando te acercas a una señal de tráfico rectangular con el texto "SÓLO GIRO A LA DERECHA"?

A. ▫ Girar a la derecha sin detenerte
B. ▫ Girar a la izquierda sin detenerte
C. ▫ Continuar en línea recta
D. ▫ Prohibido girar a la derecha

15. ¿Cuál es el significado de una señal de tráfico rectangular con el texto "VELOCIDAD MÁXIMA 55"?

A. ▫ Límite de velocidad máximo de 55 millas por hora (88 kilómetros por hora)
B. ▫ Límite de velocidad mínimo de 55 millas por hora (88 kilómetros por hora)
C. ▫ Zona escolar: Límite de velocidad máximo de 55 millas por hora (88 kilómetros por hora)
D. ▫ Advertencia de zona de construcción: Límite de velocidad máximo de 55 millas por hora (88 kilómetros por hora)

Respuestas correctas para el examen de leyes de tráfico y señales:

1. A. 25 millas por hora (40 kilómetros por hora)

2. A. Advertencia de cruce de peatones

3. A. Precaución: Disminuir la velocidad y proceder con cuidado

4. A. Zona de construcción: Precaución, trabajadores en la vía

5. A. 100 pies (30 metros)

6. A. Giro a la derecha permitido

7. A. Parar y ceder el paso a los peatones

8. A. Prohibido estacionar enese lugar

9. A. Detenerte completamente y ceder el paso según las reglas de cuatro paradas

10. A. Advertencia de cruce de ferrocarril

11. A. No se permite adelantar

12. A. Detenerte completamente y ceder el paso a otros vehículos

13. A. Prohibido el paso

14. A. Girar a la derecha sin detenerte

15. A. Límite de velocidad máximo de 55 millas por hora (88 kilómetros por hora)

Examen de leyes de tráfico y señales 3

1. ¿Cuál es el significado de una señal de tráfico triangular con el borde rojo y el interior blanco, que muestra una imagen de un niño?

A. ☐ Zona escolar: Precaución, niños cruzando

B. ☐ Zona de estacionamiento exclusivo para residentes

C. ☐ Advertencia de curva pronunciada

D. ☐ Zona de carga y descarga

2. ¿Qué debes hacer cuando te acercas a una señal de tráfico rectangular con el texto "ALTURA MÁXIMA 10 PIES"?

A. ☐ Tener cuidado si tu vehículo tiene una altura de 10 pies o más

B. ☐ Girar a la izquierda sin detenerte

C. ☐ Continuar en línea recta

D. ☐ Prohibido girar a la derecha

3. ¿Cuál es el significado de una señal de tráfico circular con una flecha hacia abajo y el texto "SOLO GIRE A LA IZQUIERDA"?

A. ☐ Girar a la izquierda sin detenerte

B. ☐ Girar a la derecha sin detenerte

C. ☐ Continuar en línea recta

D. ☐ Prohibido girar a la izquierda

4. ¿Qué debes hacer cuando te acercas a una señal de tráfico rectangular con el texto "CARRILES REVERSIBLES"?

A. ☐ Seguir las indicaciones de los letreros y las señales de tráfico

B. ☐ Girar a la izquierda sin detenerte

C. ☐ Continuar en línea recta

D. ☐ Prohibido girar a la derecha

5. ¿Cuál es el significado de una señal de tráfico rectangular con el texto "VELOCIDAD MÁXIMA 65"?

A. ☐ Límite de velocidad máximo de 65 millas por hora (105 kilómetros por hora)

B. ☐ Límite de velocidad mínimo de 65 millas por hora (105 kilómetros por hora)

C. ☐ Zona escolar: Límite de velocidad máximo de 65 millas por hora (105 kilómetros por hora)

D. ☐ Advertencia de zona de construcción: Límite de velocidad máximo de 65 millas por hora (105 kilómetros por hora)

6. ¿Cuál es el significado de una señal de tráfico triangular con el borde rojo y el interior blanco, que muestra una imagen de un camión que desciende una colina?

A. ☐ Precaución: Pendiente empinada descendente para camiones

B. ☐ Zona de estacionamiento exclusivo para camiones

C. ☐ Advertencia de zona de carga y descarga

D. ☐ Prohibido el paso para camiones

7. ¿Qué debes hacer cuando te acercas a una señal de tráfico rectangular con el texto "VEHÍCULOS DE PAGO ADELANTAN"?

A. ☐ Permite que los vehículos de pago te adelanten

B. ☐ Girar a la izquierda sin detenerte

C. ☐ Continuar en línea recta

D. ☐ Prohibido girar a la derecha

8. ¿Cuál es el significado de una señal de tráfico circular con una flecha hacia arriba y el texto "SOLO RECTO"?

A. ▢ Continuar en línea recta sin desviarte

B. ▢ Girar a la izquierda sin detenerte

C. ▢ Girar a la derecha sin detenerte

D. ▢ Prohibido girar a la derecha

9. ¿Qué debes hacer cuando te acercas a una señal de tráfico rectangular con el texto "ZONA ESCOLAR: VELOCIDAD MÁXIMA 25 MPH"?

A. ▢ Reducir la velocidad y mantener un límite máximo de 25 millas por hora (40 kilómetros por hora) en una zona escolar

B. ▢ Girar a la izquierda sin detenerte

C. ▢ Continuar en línea recta

D. ▢ Prohibido girar a la derecha

10. ¿Cuál es el significado de una señal de tráfico rectangular con el texto "TRÁFICO QUE SE ACERCA TIENE PRIORIDAD"?

A. ▢ Ceder el paso a los vehículos que se aproximan

B. ▢ Girar a la izquierda sin detenerte

C. ▢ Continuar en línea recta

D. ▢ Prohibido girar a la derecha

11. ¿Qué debes hacer cuando te acercas a una señal de tráfico rectangular con el texto "ZONA DE ESCAPE"?

A. ▢ Utilizar la zona de escape en caso de emergencia

B. ▢ Girar a la izquierda sin detenerte

C. ▫ Continuar en línea recta

D. ▫ Prohibido girar a la derecha

12. ¿Cuál es el significado de una señal de tráfico triangular con el borde rojo y el interior blanco, que muestra una imagen de una bicicleta?

A. ▫ Precaución: Zona con tráfico de bicicletas

B. ▫ Zona de estacionamiento exclusivo para bicicletas

C. ▫ Advertencia de cruce de bicicletas

D. ▫ Prohibido el paso a bicicletas

13. ¿Qué debes hacer cuando te acercas a una señal de tráfico rectangular con el texto "ZONA DE CONSTRUCCIÓN: MANTENGA LA VELOCIDAD"?

A. ▫ Reducir la velocidad y mantener una velocidad constante en la zona de construcción

B. ▫ Girar a la izquierda sin detenerte

C. ▫ Continuar en línea recta

D. ▫ Prohibido girar a la derecha

14. ¿Cuál es el significado de una señal de tráfico rectangular con el texto "PROHIBIDO EL GIRO A LA IZQUIERDA"?

A. ▫ No girar a la izquierda en la intersección indicada

B. ▫ Girar a la izquierda sin detenerte

C. ▫ Continuar en línea recta

D. ▫ Prohibido girar a la derecha

15. ¿Qué debes hacer cuando te acercas a una señal de tráfico rectangular con el texto "ZONA ESCOLAR: DETÉNGASE SI ES NECESARIO"?

A. ▢ Detenerte si hay peatones cruzando la calle en una zona escolar

B. ▢ Girar a la izquierda sin detenerte

C. ▢ Continuar en línea recta

D. ▢ Prohibido girar a la derecha

Respuestas correctas para el examen de leyes de tráfico y señales:

1. **A.** 25 millas por hora (40 kilómetros por hora)
2. **A.** Advertencia de cruce de peatones
3. **A.** Precaución: Disminuir la velocidad y proceder con cuidado
4. **A.** Zona de construcción: Precaución, trabajadores en la vía
5. **A.** 100 pies (30 metros)
6. **A.** Giro a la derecha permitido
7. **A.** Parar y ceder el paso a los peatones
8. **A.** Prohibido estacionar en ese lugar
9. **A.** Detenerte completamente y ceder el paso según las reglas de cuatro paradas
10. **A.** Advertencia de cruce de ferrocarril
11. **A.** No se permite adelantar
12. **A.** Detenerte completamente y ceder el paso a otros vehículos
13. **A.** Prohibido el paso
14. **A.** Girar a la derecha sin detenerte
15. **A.** Límite de velocidad máximo de 55 millas por hora (88 kilómetros por hora)

Examen de leyes de tráfico y señales 4

1. ¿Cuál es la velocidad máxima en una autopista rural en California?

A. ▫ 65 millas por hora (105 kilómetros por hora)

B. ▫ 55 millas por hora (88 kilómetros por hora)

C. ▫ 45 millas por hora (72 kilómetros por hora)

D. ▫ 35 millas por hora (56 kilómetros por hora)

2. ¿Qué indica una señal de tráfico cuadrada de color azul con el símbolo de una rampa de acceso?

A. ▫ Salida de emergencia próxima

B. ▫ Zona de estacionamiento exclusivo para discapacitados

C. ▫ Zona de obras viales

D. ▫ Entrada a una autopista o carretera

3. ¿Cuál es el significado de una luz intermitente roja en un semáforo?

A. ▫ Detenerse por completo y esperar el cambio de luz

B. ▫ Precaución: Disminuir la velocidad y proceder con cuidado

C. ▫ Avanzar con precaución, cediendo el paso a otros vehículos

D. ▫ Significa que el semáforo está fuera de servicio

4. ¿Qué indica una señal de tráfico triangular de color amarillo con un símbolo de exclamación dentro?

A. ▫ Zona de construcción: Precaución, trabajadores en la vía

B. ▫ Zona de estacionamiento exclusivo para residentes

C. ▢ Advertencia de zona escolar

D. ▢ Advertencia de condiciones peligrosas en la vía

5. ¿Cuál es la distancia mínima que debes mantener al seguir detrás de un vehículo de bomberos con las luces y sirenas encendidas?

A. ▢ 300 pies (90 metros)

B. ▢ 500 pies (150 metros)

C. ▢ 700 pies (210 metros)

D. ▢ 1000 pies (300 metros)

6. ¿Qué debes hacer cuando te acercas a una señal de tráfico rectangular de color azul con el texto "PARADA DE AUTOBÚS ESCOLAR"?

A. ▢ Detenerte y esperar hasta que el autobús reanude su marcha

B. ▢ Continuar sin detenerte si no hay niños cruzando la calle

C. ▢ Disminuir la velocidad pero no es necesario detenerse

D. ▢ Girar a la izquierda para evitar el autobús

7. ¿Qué significa una señal de tráfico rectangular con una flecha amarilla curvada hacia la derecha?

A. ▢ Giro a la derecha permitido después de detenerse

B. ▢ Giro a la izquierda permitido después de detenerse

C. ▢ Avanzar en línea recta

D. ▢ Prohibido girar a la derecha

8. ¿Qué debes hacer cuando te acercas a una intersección con un semáforo intermitente en amarillo?

A. ☐ Reducir la velocidad y proceder con precaución

B. ☐ Detenerte por completo y esperar el cambio de luz

C. ☐ Avanzar rápidamente antes de que cambie a rojo

D. ☐ Significa que el semáforo está fuera de servicio

9. ¿Qué indica una señal de tráfico rectangular de color amarillo con el texto "NO ESTACIONAR" y una flecha hacia abajo?

A. ☐ Zona de estacionamiento disponible más adelante

B. ☐ Prohibido estacionar en ese lugar

C. ☐ Estacionamiento exclusivo para vehículos eléctricos

D. ☐ Zona de estacionamiento temporal

10. ¿Qué debes hacer cuando te acercas a una intersección con un semáforo en luz amarilla intermitente?

A. ☐ Reducir la velocidad y proceder con precaución

B. ☐ Acelerar para cruzar antes de que cambie a rojo

C. ☐ Detenerte por completo y esperar el cambio de luz

D. ☐ Girar a la derecha sin detenerte

11. ¿Qué significa una señal de tráfico rectangular con una X roja y las palabras "SIN PASO"?

A. ☐ Prohibido el paso

B. ☐ Parada obligatoria

C. ☐ Zona de estacionamiento exclusivo para discapacitados

D. ☐ Prohibido el estacionamiento

12. ¿Qué debes hacer cuando te acercas a una señal de tráfico rectangular con el texto "SÓLO GIRO A LA IZQUIERDA"?

A. ▢ Girar a la izquierda sin detenerte

B. ▢ Girar a la derecha sin detenerte

C. ▢ Continuar en línea recta

D. ▢ Prohibido girar a la izquierda

13. ¿Cuál es el significado de una señal de tráfico rectangular con el texto "VELOCIDAD MÁXIMA 35"?

A. ▢ Límite de velocidad máximo de 35 millas por hora (56 kilómetros por hora)

B. ▢ Límite de velocidad mínimo de 35 millas por hora (56 kilómetros por hora)

C. ▢ Zona escolar: Límite de velocidad máximo de 35 millas por hora (56 kilómetros por hora)

D. ▢ Advertencia de zona de construcción: Límite de velocidad máximo de 35 millas por hora (56 kilómetros por hora)

14. ¿Qué debes hacer cuando te acercas a una señal de tráfico circular con una flecha amarilla apuntando hacia la izquierda?

A. ▢ Girar a la izquierda después de detenerte

B. ▢ Girar a la derecha después de detenerte

C. ▢ Continuar en línea recta

D. ▢ Prohibido girar a la izquierda

15. ¿Cuál es el significado de una señal de tráfico rectangular con el texto "CARRIL DE BICICLETAS"?

A. ▢ Carril exclusivo para bicicletas, los vehículos motorizados no pueden ingresar

B. ▢ Prohibido el estacionamiento de bicicletas

C. ▢ Zona de estacionamiento exclusivo para bicicletas

D. ▢ Advertencia de cruce de ciclistas

Respuestas correctas para el examen de leyes de tráfico y señales:

1. **A**. 65 millas por hora (105 kilómetros por hora)
2. **D.** Entrada a una autopista o carretera
3. **A**. Detenerse por completo y esperar el cambio de luz
4. **D.** Advertencia de condiciones peligrosas en la vía
5. **B.** 500 pies (150 metros)
6. **A**. Detenerte y esperar hasta que el autobús reanude su marcha
7. **A**. Giro a la derecha permitido después de detenerse
8. **A.** Reducir la velocidad y proceder con precaución
9. **B**. Prohibido estacionar en ese lugar
10. **C.** Reducir la velocidad y proceder con precaución
11. **A.** Prohibido el paso
12. **A.** Girar a la izquierda sin detenerte
13. **A.** Límite de velocidad máximo de 35 millas por hora (56 kilómetros por hora)
14. **A**. Girar a la izquierda después de detenerte
15. **A.** Carril exclusivo para bicicletas, los vehículos motorizados no pueden ingresar

Examen de leyes de tráfico y señales 5

1. ¿Cuál es la velocidad máxima en una autopista en California?

A. ☐ 65 millas por hora (105 kilómetros por hora)

B. ☐ 55 millas por hora (88 kilómetros por hora)

C. ☐ 45 millas por hora (72 kilómetros por hora)

D. ☐ 35 millas por hora (56 kilómetros por hora)

2. ¿Qué indica una señal de tráfico triangular con el borde rojo y el interior blanco?

A. ☐ Advertencia de cruce de ferrocarril

B. ☐ Zona de estacionamiento exclusivo para residentes

C. ☐ Advertencia de zona escolar

D. ☐ Zona de carga y descarga

3. ¿Cuál es el significado de una luz roja en un semáforo?

A. ☐ Detenerse por completo y esperar el cambio de luz

B. ☐ Precaución: Disminuir la velocidad y proceder con cuidado

C. ☐ Avanzar con precaución, cediendo el paso a otros vehículos

D. ☐ Significa que el semáforo está fuera de servicio

4. ¿Qué indica una señal de tráfico rectangular de color naranja con el texto "CONSTRUCCIÓN"?

A. ☐ Zona de construcción: Precaución, trabajadores en la vía

B. ☐ Parada de autobús escolar: Precaución, niños cruzando la calle

C. ☐ Advertencia de cruce de peatones: Precaución, peatones cruzando la calle

D. ▢ Límite de velocidad mínimo: Indica la velocidad mínima permitida en esa vía

5. ¿Cuál es la distancia mínima que debes mantener al seguir detrás de un vehículo de emergencia con las luces y sirenas encendidas?

A. ▢ 100 pies (30 metros)

B. ▢ 200 pies (60 metros)

C. ▢ 300 pies (90 metros)

D. ▢ 400 pies (120 metros)

6. ¿Cuál es el significado de una señal de tráfico rectangular con una flecha verde apuntando hacia la izquierda?

A. ▢ Giro a la izquierda permitido

B. ▢ Giro a la derecha permitido

C. ▢ Avanzar en línea recta

D. ▢ Prohibido girar a la izquierda

7. ¿Qué debes hacer cuando te acercas a un cruce de peatones sin señalización?

A. ▢ Parar y ceder el paso a los peatones

B. ▢ Continuar sin detenerte si no hay peatones cruzando

C. ▢ Disminuir la velocidad pero no es necesario detenerse

D. ▢ Sonar la bocina para alertar a los peatones

8. ¿Qué significa una señal de tráfico rectangular con el texto "NO ESTACIONAR"?

A. ▢ Zona de estacionamiento disponible

B. ▢ Prohibido estacionar en ese lugar

C. ☐ Estacionamiento exclusivo para vehículos eléctricos

D. ☐ Zona de estacionamiento temporal

9. ¿Qué debes hacer cuando te acercas a una intersección con un semáforo apagado?

A. ☐ Detenerte completamente y ceder el paso según las reglas de intersección de cuatro paradas

B. ☐ Continuar sin detenerte si no hay tráfico cruzando

C. ☐ Disminuir la velocidad pero no es necesario detenerse

D. ☐ Girar a la izquierda sin detenerte, siempre y cuando sea seguro hacerlo

10. ¿Qué debes hacer cuando ves una señal de tráfico triangular con el borde rojo y el interior blanco?

A. ☐ Advertencia de cruce de ferrocarril

B. ☐ Zona de estacionamiento exclusivo para residentes

C. ☐ Advertencia de zona escolar

D. ☐ Zona de carga y descarga

11. ¿Cuál es el significado de una línea amarilla continua en el centro de la carretera?

A. ☐ No se permite adelantar

B. ☐ Solo se permite adelantar en ciertas áreas

C. ☐ Se permite adelantar en ambos sentidos

D. ☐ Se permite adelantar solo en el lado izquierdo de la línea

12. ¿Qué debes hacer cuando te acercas a una señal de alto?

A. ☐ Detenerte completamente y ceder el paso a otros vehículos

B. ☐ Disminuir la velocidad y proceder con precaución

C. ☐ Continuar sin detenerte si no hay tráfico cruzando

D. ☐ Girar a la izquierda sin detenerte

13. ¿Qué indica una señal de tráfico circular con una X roja?

A. ☐ Prohibido el paso

B. ☐ Parada de autobús

C. ☐ Zona de estacionamiento exclusivo para discapacitados

D. ☐ Prohibido el estacionamiento

14. ¿Qué debes hacer cuando te acercas a una señal de tráfico rectangular con el texto "SÓLO GIRO A LA DERECHA"?

A. ☐ Girar a la derecha sin detenerte

B. ☐ Girar a la izquierda sin detenerte

C. ☐ Continuar en línea recta

D. ☐ Prohibido girar a la derecha

15. ¿Cuál es el significado de una señal de tráfico rectangular con el texto "VELOCIDAD MÁXIMA 55"?

A. ☐ Límite de velocidad máximo de 55 millas por hora (88 kilómetros por hora)

B. ☐ Límite de velocidad mínimo de 55 millas por hora (88 kilómetros por hora)

C. ☐ Zona escolar: Límite de velocidad máximo de 55 millas por hora (88 kilómetros por hora)

D. ☐ Advertencia de zona de construcción: Límite de velocidad máximo de 55 millas por hora (88 kilómetros por hora)

Respuestas correctas para el examen de leyes de tráfico y señales:

1. **A.** 65 millas por hora (105 kilómetros por hora)
2. **A.** Advertencia de cruce de ferrocarril
3. **A.** Detenerse por completo y esperar el cambio de luz
4. **A.** Zona de construcción: Precaución, trabajadores en la vía
5. **A.** 100 pies (30 metros)
6. **A.** Giro a la izquierda permitido
7. **A.** Parar y ceder el paso a los peatones
8. **B.** Prohibido estacionar en eselugar
9. **A.** Detenerte completamente y ceder el paso según las reglas de intersección de cuatro paradas
10. **C.** Advertencia de zona escolar
11. **A.** No se permite adelantar
12. **A.** Detenerte completamente y ceder el paso a otros vehículos
13. **A.** Prohibido el paso
14. **A.** Girar a la derecha sin detenerte
15. **A.** Límite de velocidad máximo de 55 millas por hora (88 kilómetros por hora)

Control y seguridad del vehículo

Este capítulo tiene como objetivo proporcionar una comprensión integral de las técnicas de control del vehículo y las medidas de seguridad que son fundamentales para una conducción segura y responsable en Alaska. Dominar el control del vehículo y priorizar la seguridad no solo te protegerá a ti y a tus pasajeros, sino que también contribuirá a la seguridad general de las carreteras. Vamos a explorar los detalles del control del vehículo y la seguridad en Alaska.

Dinámica y Manejo del Vehículo

Comprender los principios básicos de la dinámica y el manejo del vehículo es fundamental para dominar el control del vehículo. En esta sección, discutiremos conceptos como la transferencia de peso, la tracción y la estabilidad. Exploraremos cómo estos factores afectan la forma en que tu vehículo responde a los movimientos de aceleración, frenado y dirección. Comprender la dinámica del vehículo te ayudará a anticipar y reaccionar adecuadamente a diferentes situaciones de conducción, mejorando así tu control sobre el vehículo.

Técnicas de Dirección Correctas

La dirección es un componente crítico del control del vehículo, y el uso de técnicas de dirección adecuadas es esencial para maniobrar de manera segura y precisa. En esta sección, cubriremos diferentes técnicas de dirección, incluyendo mano sobre mano, empujar-tirar y mano a mano. Discutiremos la importancia de mantener ambas manos en el volante, mantener un agarre relajado y realizar transiciones suaves entre las entradas de dirección. Dominar las técnicas de dirección adecuadas mejorará tu control sobre el vehículo y mejorará tu capacidad para navegar en diversas condiciones de conducción.

Sistemas y Técnicas de Frenado

El frenado es un aspecto fundamental del control y la seguridad del vehículo. Comprender los diferentes tipos de sistemas de frenado y emplear técnicas de frenado adecuadas es crucial para detener el vehículo de manera efectiva y segura. En esta sección, discutiremos los componentes del sistema de frenos, incluido el pedal de freno, las pastillas de freno y el sistema hidráulico. También cubriremos técnicas como el frenado gradual, el uso del sistema de frenos antibloqueo (ABS) y el frenado en diferentes superficies. Comprender los sistemas y técnicas de frenado te ayudará a mantener el control del vehículo y evitar accidentes.

Aceleración y Control de Velocidad

La aceleración adecuada y el control de velocidad son esenciales para mantener el control del vehículo y garantizar la seguridad en la carretera. En esta sección, abordaremos la importancia de la aceleración gradual, las transiciones suaves de velocidad y mantener una velocidad segura según las condiciones. También discutiremos técnicas para controlar la velocidad del vehículo en pendientes descendentes y en condiciones climáticas adversas. Comprender cómo controlar eficazmente la aceleración y la velocidad te permitirá adaptarte a diferentes situaciones de conducción y mantener un control seguro sobre tu vehículo.

Gestión de Distracciones y Fatiga del Conductor

Las distracciones y la fatiga del conductor pueden afectar significativamente tu capacidad para mantener el control y reaccionar rápidamente a situaciones inesperadas en la carretera.
Esta sección enfatizará la importancia de gestionar las distracciones y abordar la fatiga del conductor. Discutiremos distracciones comunes, como el uso del teléfono celular, comer y hacer varias tareas, y proporcionaremos estrategias para minimizar su impacto. Además, exploraremos los signos de fatiga del conductor y técnicas para mantenerse alerta y enfocado durante los viajes largos. Al gestionar las distracciones y la fatiga, mejorarás tu control y seguridad como conductor.

Mantenimiento e Inspecciones del Vehículo

El mantenimiento adecuado del vehículo es crucial para mantener un control y seguridad óptimos en la carretera. Esta sección cubrirá la importancia de las inspecciones regulares del vehículo, incluida la verificación de neumáticos, frenos, luces y niveles de líquidos. También discutiremos la importancia de las tareas de mantenimiento rutinario, como cambios de aceite, rotación de neumáticos y verificación de la batería. Comprender el mantenimiento del vehículo y realizar inspecciones regulares ayudará a identificar posibles problemas antes de que comprometan la seguridad y el rendimiento de tu vehículo.

Condiciones Climáticas Adversas

Las condiciones climáticas de Alaska pueden ser desafiantes e impredecibles, lo que requiere que los conductores adapten sus técnicas de control del vehículo en consecuencia. Esta sección abordará cómo navegar en condiciones climáticas adversas, como nieve, hielo, niebla y lluvia. Discutiremos técnicas para ajustar tu comportamiento de conducción, incluyendo reducir la velocidad, aumentar la distancia de seguimiento y utilizar los controles del vehículo adecuados. Comprender cómo adaptarse a las condiciones climáticas adversas te ayudará a mantener el control de tu vehículo y minimizar el riesgo de accidentes.

Conclusión

Felicidades por completar el capítulo sobre Control del Vehículo y Seguridad en el Manual de Examen del DMV de Alaska. Al estudiar este capítulo, has adquirido una comprensión integral de la dinámica del vehículo, las técnicas de dirección, los sistemas de frenado, el control de aceleración y velocidad, la gestión de distracciones y fatiga del conductor, el mantenimiento del vehículo, la navegación en condiciones climáticas adversas y el compartir la carretera con usuarios vulnerables. Dominar el control del vehículo y priorizar la seguridad son cruciales para una conducción segura y responsable en Alaska.

A medida que continúes tu camino para convertirte en un conductor responsable y conocedor, recuerda aplicar los principios y técnicas aprendidas en este capítulo. Prioriza la seguridad, practica la conducción defensiva y siempre ten en cuenta las condiciones y otros usuarios de la carretera.

Con fines de entrenamiento, puedes marcar el símbolo ▢ junto a lo que creas que es la respuesta correcta. Una vez que hayas seleccionado la respuesta correcta, usa un lápiz o bolígrafo para marcar el símbolo ▢ junto a esa respuesta.

Examen de control y seguridad del vehículo

1. ¿Cuál de las siguientes técnicas es fundamental para el control del vehículo al girar en una esquina?

   A. ▢ Acelerar bruscamente.

   B. ▢ Frenar de golpe.

   C. ▢ Mantener una velocidad constante.

   D. ▢ Reducir la velocidad antes de ingresar a la curva.

2. ¿Cuál de los siguientes factores afecta la estabilidad del vehículo durante la aceleración o el frenado?

   A. ▢ La presión de los neumáticos.

   B. ▢ El sistema de escape.

   C. ▢ La capacidad del sistema de sonido.

   D. ▢ La transferencia de peso.

3. ¿Cuál de los siguientes sistemas de dirección es más comúnmente utilizado en los vehículos modernos?

   A. ▢ Dirección mecánica.

   B. ▢ Dirección hidráulica.

   C. ▢ Dirección asistida eléctricamente.

   D. ▢ Dirección por cable.

4. ¿Qué significa cuando el pedal del freno se vuelve duro y se requiere una mayor presión para detener el vehículo?

A. ▢ El sistema de frenos necesita mantenimiento.

B. ▢ El sistema de dirección está dañado.

C. ▢ Los neumáticos están desinflados.

D. ▢ El sistema de escape está obstruido.

5. ¿Cuál de las siguientes opciones describe mejor la forma correcta de sujetar el volante?

A. ▢ Con una sola mano en la parte superior del volante.

B. ▢ Con una mano en el volante y la otra en la palanca de cambios.

C. ▢ Con ambas manos en los lados del volante.

D. ▢ Con una mano en el volante y la otra apoyada en la puerta.

6. ¿Cuál de las siguientes acciones ayuda a mantener una buena visibilidad durante la conducción?

A. ▢ No utilizar los espejos laterales.

B. ▢ No limpiar el parabrisas regularmente.

C. ▢ Ajustar los espejos laterales correctamente.

D. ▢ Conducir con las luces altas encendidas todo el tiempo.

7. ¿Cuál es la forma más segura de sujetar a un bebé en un automóvil?

A. ▢ Sentado en el regazo de un adulto.

B. ▢ Sostenido en brazos por un adulto.

C. ▢ En un asiento de seguridad infantil apropiado para su edad y peso.

D. ▢ Atado al asiento del automóvil con un cinturón de seguridad normal.

8. ¿Cuál de las siguientes situaciones puede causar el deslizamiento de los neumáticos y la pérdida de control del vehículo?

A. ◦ Frenar suavemente en una superficie seca.

B. ◦ Conducir a una velocidad constante en una carretera recta.

C. ◦ Girar bruscamente a alta velocidad.

D. ◦ Mantener una distancia segura con el vehículo de adelante.

9. ¿Qué acción debes tomar si experimentas un deslumbramiento intenso por las luces de otro vehículo en la noche?

A. ◦ Encender las luces altas para contrarrestar el deslumbramiento.

B. ◦ Mirar fijamente las luces para acostumbrar tus ojos.

C. ◦ Mirar hacia el lado derecho de la carretera.

D. ◦ Disminuir la velocidad y utilizar las luces bajas.

10. ¿Cuál de los siguientes elementos es importante para mantener una buena tracción en la carretera?

A. ◦ Neumáticos en mal estado.

B. ◦ Presión de los neumáticos inferior a la recomendada.

C. ◦ Neumáticos desgastados.

D. ◦ Neumáticos con buenos surcos de profundidad.

11. ¿Cuál de las siguientes acciones puede ayudarte a evitar la fatiga al conducir?

A. ◦ Descansar lo suficiente antes de un viaje largo.

B. ◦ Consumir grandes cantidades de alimentos ricos en grasas antes de conducir.

C. ◦ Utilizar el teléfono celular mientras conduces para mantenerte despierto.

D. ◦ No utilizar el cinturón de seguridad para mayor comodidad.

12. ¿Cuál de los siguientes es un síntoma común de los neumáticos desgastados?

A. ▢ Mayor tracción en superficies mojadas.

B. ▢ Vibraciones excesivas en el volante.

C. ▢ Mayor eficiencia de combustible.

D. ▢ Mayor capacidad de frenado.

13. ¿Cuál de los siguientes factores puede afectar la distancia de frenado de un vehículo?

A. ▢ El color de la carrocería del vehículo.

B. ▢ La edad del conductor.

C. ▢ La condición de los neumáticos y la calidad de la carretera.

D. ▢ El tamaño del vehículo.

14. ¿Cuál de los siguientes elementos del vehículo debe ser revisado regularmente para garantizar un funcionamiento adecuado?

A. ▢ El radio del vehículo.

B. ▢ Los espejos retrovisores laterales.

C. ▢ La presión de los neumáticos.

D. ▢ El asiento del conductor.

15. ¿Cuál de las siguientes acciones es esencial al conducir en condiciones de lluvia intensa?

A. ▢ Utilizar las luces altas para una mejor visibilidad.

B. ▢ Aumentar la velocidad para evitar el estancamiento.

C. ▢ Reducir la velocidad y aumentar la distancia de seguimiento.

D. ▢ Apagar el limpiaparabrisas para evitar daños al motor.

Respuestas correctas para el examen de control y seguridad del vehículo

1. D. Reducir la velocidad antes de ingresar a la curva.

2. D. La transferencia de peso.

3. C. Dirección asistida eléctricamente.

4. A. El sistema de frenos necesita mantenimiento.

5. C. Con ambas manos en los lados del volante.

6. C. Ajustar los espejos laterales correctamente.

7. C. En un asiento de seguridad infantil apropiado para su edad y peso.

8. C. Girar bruscamente a alta velocidad.

9. D. Disminuir la velocidad y utilizar las luces bajas.

10. D. Neumáticos con buenos surcos de profundidad.

11. A. Descansar lo suficiente antes de un viaje largo.

12. B. Vibraciones excesivas en el volante.

13. C. La condición de los neumáticos y la calidad de la carretera.

14. C. La presión de los neumáticos.

15. C. Reducir la velocidad y aumentar la distancia de seguimiento.

Examen de control y seguridad del vehículo 2

1. ¿Cuál de los siguientes factores puede afectar la estabilidad de un vehículo al tomar una curva?

A. ▢ Presión de los neumáticos adecuada.

B. ▢ Sistema de sonido de alta potencia.

C. ▢ Uso de luces intermitentes.

D. ▢ Superficie de la carretera bien pavimentada.

2. ¿Qué debe hacer al experimentar una falla en el sistema de frenos mientras conduce?

A. ▢ Apagar el motor y pedir ayuda.

B. ▢ Bombear rápidamente el pedal del freno.

C. ▢ Aplicar el freno de mano de inmediato.

D. ▢ Cambiar a una marcha inferior y usar el freno de motor.

3. ¿Cuál de los siguientes dispositivos ayuda a reducir el deslizamiento de los neumáticos y mejorar la tracción?

A. ▢ Sistema de frenos antibloqueo (ABS).

B. ▢ Alerón trasero.

C. ▢ Faros antiniebla.

D. ▢ Volante de dirección ajustable.

4. ¿Cuál de los siguientes escenarios requiere que los conductores utilicen luces bajas en lugar de luces altas?

A. ▢ Conduciendo en autopistas interurbanas.

B. ☐ En áreas residenciales bien iluminadas.

C. ☐ Durante condiciones climáticas adversas.

D. ☐ En túneles y puentes elevados.

5. ¿Cuál de los siguientes elementos es importante para mantener una distancia de seguimiento adecuada entre vehículos?

A. ☐ Acelerar bruscamente para mantenerse cerca.

B. ☐ Seguir de cerca a los vehículos más grandes.

C. ☐ Observar el tiempo de reacción y la velocidad del vehículo delante de usted.

D. ☐ Utilizar el claxon para advertir al vehículo delante de usted.

6. ¿Qué debe hacer si su vehículo se desvía hacia el borde de la carretera?

A. ☐ Girar bruscamente el volante en la dirección opuesta.

B. ☐ Frenar bruscamente para detener el vehículo.

C. ☐ Soltar gradualmente el pedal del acelerador y corregir suavemente la dirección.

D. ☐ Mantener la velocidad y dejar que el vehículo se recupere por sí solo.

7. ¿Cuál de los siguientes es un ejemplo de una distracción visual al conducir?

A. ☐ Conversar con pasajeros en el vehículo.

B. ☐ Escuchar música a alto volumen.

C. ☐ Leer mensajes de texto en un dispositivo móvil.

D. ☐ Mantener una conversación por teléfono utilizando un dispositivo manos libres.

8. ¿Cuál de los siguientes es un requisito para asegurar a un niño en un asiento de seguridad infantil?

A. ▢ Usar el cinturón de seguridad del vehículo en lugar del arnés del asiento de seguridad.

B. ▢ Colocar el asiento de seguridad infantil en el asiento delantero del vehículo.

C. ▢ Seguir las recomendaciones de peso y altura del fabricante del asiento de seguridad infantil.

D. ▢ Asegurar el asiento de seguridad infantil con el cinturón de seguridad de dos puntos.

9. ¿Qué debe hacer si experimenta un deslizamiento de los neumáticos debido a una superficie resbaladiza?

A. ▢ Girar bruscamente el volante en la dirección opuesta.

B. ▢ Aplicar los frenos rápidamente y de manera constante.

C. ▢ Soltar el acelerador gradualmente y girar suavemente en la dirección que desea ir.

D. ▢ Mantener la velocidad y esperar a que los neumáticos recuperen tracción.

10. ¿Cuál de los siguientes factores puede afectar la distancia de frenado de su vehículo?

A. ▢ Conducir a una velocidad segura.

B. ▢ El color del vehículo.

C. ▢ La presión del aire en los neumáticos.

D. ▢ El peso de los pasajeros en el vehículo.

11. ¿Cuál de los siguientes dispositivos debe revisar regularmente para asegurarse de que esté funcionando correctamente?

A. ▢ Sistema de climatización.

B. ▢ Luces de cortesía en el interior del vehículo.

C. ▢ Indicadores de dirección y luces de emergencia.

D. ▢ Limpiaparabrisas trasero.

12. ¿Cuál de los siguientes es un ejemplo de una medida de seguridad pasiva en un vehículo?

A. ▢ Cinturones de seguridad.

B. ▢ Sistema de sonido de alta fidelidad.

C. ▢ Alerón trasero.

D. ▢ Faros antiniebla.

13. ¿Cuál de las siguientes acciones es una práctica segura al compartir la carretera con ciclistas?

A. ▢ Hacer sonar el claxon para advertirles de su presencia.

B. ▢ Conducir cerca de ellos para protegerlos del tráfico.

C. ▢ Mantener una distancia segura al adelantarlos.

D. ▢ Utilizar el carril del ciclista para facilitar el adelantamiento.

14. ¿Cuál de los siguientes dispositivos de seguridad es obligatorio en todos los vehículos?

A. ▢ Luces antiniebla traseras.

B. ▢ Alerón trasero.

C. ▢ Cinturones de seguridad.

D. ▢ Sistema de navegación por satélite.

15. ¿Cuál de los siguientes factores puede afectar la visibilidad del conductor durante la conducción nocturna?

A. ▢ Uso de luces altas.

B. ▢ Presión del aire en los neumáticos.

C. ▢ Suciedad y condensación en los faros.

D. ☐ Modo de reproducción de audio del sistema de sonido del vehículo.

Respuestas correctas para el examen de control y seguridad del vehículo 2

1. **A.** Presión de los neumáticos adecuada.
2. **D.** Cambiar a una marcha inferior y usar el freno de motor.
3. **A.** Sistema de frenos antibloqueo (ABS).
4. **C.** Durante condiciones climáticas adversas.
5. **C.** Observar el tiempo de reacción y la velocidad del vehículo delante de usted.
6. **C.** Soltar gradualmente el pedal del acelerador y corregir suavemente la dirección.
7. **C.** Leer mensajes de texto en un dispositivo móvil.
8. **C.** Seguir las recomendaciones de peso y altura del fabricante del asiento de seguridad infantil.
9. **C.** Soltar el acelerador gradualmente y girar suavemente en la dirección que desea ir.
10. **C.** La presión del aire en los neumáticos.
11. **C.** Indicadores de dirección y luces de emergencia.
12. **A.** Cinturones de seguridad.
13. **C.** Mantener una distancia segura al adelantarlos.
14. **C.** Cinturones de seguridad.
15. **C.** Suciedad y condensación en los faros.

Examen de control y seguridad del vehículo 3

1. ¿Cuál de los siguientes factores puede afectar la distancia de frenado de su vehículo?

A. ▫ Estado de las llantas

B. ▫ Color del vehículo

C. ▫ Marca del vehículo

D. ▫ Número de pasajeros en el vehículo

2. ¿Cuál es la forma correcta de sujetar el volante al conducir?

A. ▫ Con una sola mano en la parte superior del volante

B. ▫ Con ambas manos en la parte inferior del volante

C. ▫ Con ambas manos a los lados del volante en las posiciones de las 9 y las 3

D. ▫ Con una mano en el volante y la otra en el cambio de marchas

3. ¿Qué debe hacer si se desliza o patina en una superficie resbaladiza mientras conduce?

A. ▫ Girar rápidamente el volante en la dirección opuesta al deslizamiento

B. ▫ Mantener presionado el acelerador para aumentar la tracción

C. ▫ Soltar el acelerador y girar suavemente el volante en la dirección en la que desea ir

D. ▫ Aplicar los frenos bruscamente para detenerse rápidamente

4. ¿Cuál es la distancia de seguimiento adecuada que debe mantener entre su vehículo y el que está adelante?

A. ▫ 1 segundo

B. ▫ 3 segundos

C. ▫ 5 segundos

D. ☐ 10 segundos

5. ¿Cuál es el propósito de los espejos retrovisores en un vehículo?

A. ☐ Ver el interior del vehículo

B. ☐ Ver el tráfico en el carril adyacente

C. ☐ Controlar la temperatura del vehículo

D. ☐ Escuchar la radio del vehículo

6. ¿Qué debe hacer si se le pincha una llanta mientras conduce?

A. ☐ Frenar bruscamente y detenerse en el lugar

B. ☐ Mantener la velocidad y cambiar rápidamente de carril

C. ☐ Soltar el acelerador gradualmente y dirigirse hacia un lugar seguro

D. ☐ Bombear rápidamente los frenos para detener el vehículo

7. ¿Cuál es la manera correcta de ajustar los reposacabezas en los asientos delanteros de un vehículo?

A. ☐ Retirar los reposacabezas para mayor comodidad

B. ☐ Bajar los reposacabezas al nivel de los hombros

C. ☐ Asegurarse de que los reposacabezas estén a la altura de la parte superior de la cabeza

D. ☐ Inclinar los reposacabezas hacia adelante para una mejor visibilidad

8. ¿Qué debe hacer si experimenta un aquaplaning (hidropaneo) mientras conduce bajo la lluvia?

A. ☐ Aumentar la velocidad para salir del agua rápidamente

B. ☐ Girar rápidamente el volante en la dirección opuesta al deslizamiento

C. ☐ Soltar el acelerador gradualmente y mantener el volante recto

D. ☐ Bombear rápidamente los frenos para detener el vehículo

9. ¿Cuál es la causa principal de la mayoría de los choques de tráfico?

A. ☐ Conducir bajo la influencia del alcohol o drogas

B. ☐ Exceso de velocidad

C. ☐ Falta de señalización en las calles

D. ☐ Mal tiempo

10. ¿Cuál es la función del sistema de frenos antibloqueo (ABS)?

A. ☐ Mantener el vehículo en línea recta en carreteras sinuosas

B. ☐ Evitar el desgaste prematuro de las llantas

C. ☐ Permitir al conductor frenar y dirigir al mismo tiempo

D. ☐ Incrementar la velocidad del vehículo en situaciones de emergencia

11. ¿Qué debe hacer al encontrarse con un semáforo en amarillo intermitente?

A. ☐ Acelerar y pasar rápidamente antes de que cambie a rojo

B. ☐ Detenerse inmediatamente y esperar a que cambie a verde

C. ☐ Ceder el paso a los vehículos que tienen vía libre

D. ☐ Continuar con precaución si el camino está despejado

12. ¿Cuál es la función del sistema de control de tracción (TCS)?

A. ☐ Mejorar la calidad del sonido en el sistema de audio del vehículo

B. ☐ Reducir la cantidad de combustible utilizada por el vehículo

C. ☐ Evitar que las llantas patinen durante la aceleración

D. ☐ Regular la temperatura interior del vehículo

13. ¿Cuál es la forma correcta de ajustar los espejos laterales en un vehículo?

A. ▢ Orientados hacia abajo para ver las llantas del vehículo

B. ▢ Orientados hacia arriba para ver el tráfico aéreo

C. ▢ Orientados hacia atrás para ver el interior del vehículo

D. ▢ Orientados hacia los lados para ver los vehículos adyacentes

14. ¿Cuál de los siguientes elementos es esencial revisar regularmente como parte del mantenimiento del vehículo?

A. ▢ El interior del vehículo

B. ▢ La decoración del vehículo

C. ▢ Los niveles de fluidos del vehículo

D. ▢ Los documentos de seguro del vehículo

15. ¿Cuál es la forma correcta de usar los cinturones de seguridad en un vehículo?

A. ▢ Solo usar el cinturón de seguridad si el vehículo es nuevo

B. ▢ Asegurar el cinturón de seguridad detrás del asiento

C. ▢ Colocar el cinturón de seguridad sobre el hombro y cruzarlo sobre la cadera

D. ▢ Sujetar el cinturón de seguridad con una mano mientras se conduce

Respuestas correctas para el examen de control y seguridad del vehículo 3

1. A. Estado de las llantas

2. C. Con ambas manos a los lados del volante en las posiciones de las 9 y las 3

3. C. Soltar el acelerador y girar suavemente el volante en la dirección en la que desea ir

4. B. 3 segundos

5. B. Ver el tráfico en el carril adyacente

6. C. Soltar el acelerador gradualmente y dirigirse hacia un lugar seguro

7. C. Asegurarse de que los reposacabezas estén a la altura de la parte superior de la cabeza

8. C. Disminuir la velocidad gradualmente sin aplicar los frenos bruscamente

9. D. Mantener una distancia segura y ceder el paso a los peatones

10. A. Hacer señales claras y anticipadas para indicar sus intenciones de giro o cambio de carril

11. B. Los vehículos grandes tienen puntos ciegos más grandes

12. D. Mantener una velocidad constante y evitar frenar bruscamente

13. A. Detenerse completamente y ceder el paso a los peatones

14. B. Ceder el paso a los vehículos que se aproximan y girar cuando sea seguro hacerlo

15. C. Al conducir a través de una curva, mantener una velocidad constante y evitar frenar bruscamente

Examen de control y seguridad del vehículo 4

1. ¿Qué deberías hacer si tus llantas están desgastadas o dañadas?

A. ▢ Reemplazar solo una llanta a la vez.

B. ▢ Continuar conduciendo normalmente.

C. ▢ Mantener la presión de aire adecuada.

D. ▢ Reemplazar las llantas inmediatamente.

2. ¿Cuál es la posición correcta de las manos en el volante?

A. ▢ Con una mano en la parte superior del volante.

B. ▢ Con una mano en la parte inferior del volante.

C. ▢ Con ambas manos a los lados del volante en las posiciones de las 9 y las 3.

D. ▢ Con una mano en el centro del volante.

3. ¿Cuál es la mejor manera de realizar un giro?

A. ▢ Girar el volante rápidamente en la dirección deseada.

B. ▢ Aplicar el freno antes de girar el volante.

C. ▢ Soltar el acelerador y girar suavemente el volante en la dirección en la que desea ir.

D. ▢ Frenar bruscamente y girar el volante rápidamente.

4. ¿Cuál es la siguiente regla general para mantener una distancia segura entre vehículos?

A. ▢ 1 segundo

B. ▢ 3 segundos

C. ▢ 5 segundos

D. ▢ 10 segundos

5. ¿Por qué es importante revisar los espejos retrovisores antes de cambiar de carril?

A. ▢ Para verificar la presión de los neumáticos.

B. ▢ Ver el tráfico en el carril adyacente.

C. ▢ Ajustar el asiento del conductor.

D. ▢ Verificar el nivel de aceite del motor.

6. ¿Cuál es la función del sistema de frenos antibloqueo (ABS)?

A. ▢ Proporcionar una dirección más precisa.

B. ▢ Evitar que las llantas se desinflen.

C. ▢ Mejorar la eficiencia del combustible.

D. ▢ Evitar el bloqueo de las ruedas durante el frenado.

7. ¿Cuál de las siguientes acciones se considera una distracción mientras se conduce?

A. ▢ Hablar por teléfono con un dispositivo de manos libres.

B. ▢ Escuchar música a un volumen moderado.

C. ☐ Conversar con un pasajero en el vehículo.

D. ☐ Observar el tráfico y las señales de tránsito.

8. ¿Qué debes hacer si sientes fatiga al conducir?

A. ☐ Consumir bebidas energéticas para mantenerse despierto.

B. ☐ Aumentar la velocidad para llegar más rápido a tu destino.

C. ☐ Descansar o tomar una siesta antes de continuar conduciendo.

D. ☐ Usar el teléfono celular para mantenerse alerta.

9. ¿Cuál es la manera más segura de detenerse en una pendiente ascendente?

A. ☐ Mantener el vehículo en punto muerto.

B. ☐ Usar el freno de mano y el embrague al mismo tiempo.

C. ☐ Mantener el pie en el pedal del freno continuamente.

D. ☐ Usar el embrague y el acelerador al mismo tiempo.

10. ¿Cuál es la importancia de mantener una distancia de seguimiento adecuada en condiciones de niebla?

A. ☐ Evitar el deslumbramiento del sol.

B. ☐ Reducir la visibilidad para otros conductores.

C. ▢ Tener suficiente espacio para detenerse de manera segura.

D. ▢ Minimizar el ruido del motor del vehículo.

11. ¿Qué debes hacer antes de girar a la derecha en una intersección?

A. ▢ Ceder el paso a los peatones y otros vehículos.

B. ▢ Activar las luces de emergencia intermitentes.

C. ▢ Continuar sin detenerse si no hay tráfico.

D. ▢ Usar la bocina para advertir a otros conductores.

12. ¿Cuál es la función del sistema de control de tracción (TCS)?

A. ▢ Mantener una temperatura adecuada en el motor.

B. ▢ Ayudar a evitar que las ruedas patinen durante la aceleración.

C. ▢ Regular la presión de los neumáticos para un mejor agarre.

D. ▢ Proporcionar una dirección más suave y precisa.

13. ¿Cuál es la velocidad máxima permitida en zonas escolares, a menos que se indique lo contrario?

A. ▢ 20 millas por hora

B. ▢ 30 millas por hora

C. ▢ 40 millas por hora

D. ▢ 50 millas por hora

14. ¿Cuál de las siguientes señales de tránsito indica una zona de construcción o trabajo en progreso?

A. ▢ Señal de alto

B. ▢ Señal de ceda el paso

C. ▢ Señal de zona escolar

D. ▢ Señal de trabajo en la carretera

15. ¿Cuál es la principal causa de accidentes de tránsito en California?

A. ▢ Conducir bajo la influencia del alcohol o las drogas.

B. ▢ Conducir a velocidades excesivas.

C. ▢ No obedecer las señales de tránsito.

D. ▢ Conducir distraído por el uso de dispositivos electrónicos.

Respuestas correctas para el examen de control y seguridad del vehículo 4

1. C. Estado de las llantas.

2. B. Presión de aire adecuada.

3. D. Freno de estacionamiento.

4. A. Líquido de frenos.

5. D. Evitar el bloqueo de las ruedas durante el frenado.

6. D. Evitar el bloqueo de las ruedas durante el frenado.

7. A. Hablar por teléfono con un dispositivo de manos libres.

8. C. Descansar o tomar una siesta antes de continuar conduciendo.

9. C. Mantener el pie en el pedal del freno continuamente.

10. C. Tener suficiente espacio para detenerse de manera segura.

11. A. Ceder el paso a los peatones y otros vehículos.

12. B. Ayudar a evitar que las ruedas patinen durante la aceleración.

13. A. 20 millas por hora.

14. D. Señal de trabajo en la carretera.

15. D. Conducir distraído por el uso de dispositivos electrónicos.

Examen de control y seguridad del vehículo 5

1. ¿Cuál es una buena práctica para mantener el control del vehículo en una curva?

A. ▢ Acelerar bruscamente.

B. ▢ Mantener una velocidad constante.

C. ▢ Frenar de golpe.

D. ▢ Girar el volante rápidamente.

2. ¿Cuál es la función del sistema de suspensión en un vehículo?

A. ▢ Ayudar a frenar el vehículo.

B. ▢ Controlar el movimiento de las ruedas.

C. ▢ Regular la temperatura del motor.

D. ▢ Proporcionar energía eléctrica al vehículo.

3. ¿Cuál es el propósito de los cinturones de seguridad en un vehículo?

A. ▢ Mejorar la apariencia del vehículo.

B. ▢ Ayudar al conductor a mantener el control del vehículo.

C. ▢ Proporcionar comodidad adicional al conductor.

D. ▢ Proteger a los ocupantes en caso de colisión.

4. ¿Cuál de las siguientes afirmaciones es verdadera sobre el sistema de frenos antibloqueo (ABS)?

A. ▢ Reduce la distancia de frenado en todas las condiciones.

B. ▢ Solo se encuentra en vehículos de lujo.

C. ▢ Debe desactivarse al conducir en carreteras mojadas.

D. ☐ Evita que las ruedas se bloqueen durante el frenado brusco.

5. ¿Qué debes hacer si experimentas una pérdida de tracción en las ruedas delanteras mientras conduces?

A. ☐ Girar rápidamente el volante hacia la dirección deseada.

B. ☐ Frenar de golpe para detener el vehículo.

C. ☐ Soltar el acelerador y dirigir suavemente el vehículo hacia donde quieres ir.

D. ☐ Acelerar bruscamente para aumentar la tracción.

6. ¿Cuál es una medida de seguridad importante al conducir en condiciones de lluvia intensa?

A. ☐ Conducir a la velocidad máxima permitida.

B. ☐ Mantener una distancia más corta con los vehículos que te preceden.

C. ☐ Apagar las luces delanteras del vehículo.

D. ☐ Aumentar la presión de los neumáticos.

7. ¿Cuál es la mejor manera de reducir la posibilidad de quedarse dormido al volante?

A. ☐ Consumir bebidas energéticas antes de conducir.

B. ☐ Abrir las ventanas del vehículo para mantenerse despierto.

C. ☐ Descansar lo suficiente antes de conducir.

D. ☐ Mantener la calefacción del vehículo encendida.

8. ¿Qué deben hacer los conductores cuando se acercan a una señal de alto?

A. ☐ Disminuir la velocidad y continuar sin detenerse.

B. ☐ Girar rápidamente en la dirección deseada.

C. ☐ Detenerse completamente y ceder el paso a otros vehículos.

D. ☐ Acelerar para pasar rápidamente.

9. ¿Cuál delos siguientes dispositivos es esencial para mantener una buena visibilidad durante la conducción nocturna?

A. ☐ Luces intermitentes.

B. ☐ Radiador.

C. ☐ Limpiaparabrisas.

D. ☐ Asientos con calefacción.

10. ¿Qué debes hacer si experimentas un reventón de neumático mientras conduces?

A. ☐ Frenar bruscamente para detener el vehículo.

B. ☐ Girar rápidamente el volante en la dirección opuesta.

C. ☐ Soltar el acelerador y mantener el volante firme para mantener la dirección del vehículo.

D. ☐ Acelerar para salir rápidamente del área peligrosa.

11. ¿Cuál es la función del sistema de dirección en un vehículo?

A. ☐ Controlar la velocidad del vehículo.

B. ☐ Controlar la dirección del vehículo.

C. ☐ Regular el flujo de combustible al motor.

D. ☐ Proporcionar energía eléctrica al vehículo.

12. ¿Cuál es una buena práctica al estacionar cuesta arriba con un vehículo que tiene transmisión manual?

A. ☐ Colocar el vehículo en punto muerto y aplicar el freno de estacionamiento.

B. ▢ Dejar el vehículo en la primera marcha y no aplicar el freno de estacionamiento.

C. ▢ Dejar el vehículo en reversa y aplicar el freno de estacionamiento.

D. ▢ No aplicar el freno de estacionamiento.

13. ¿Cuál es el propósito del líquido refrigerante en el sistema de enfriamiento del motor?

A. ▢ Lubricar las partes móviles del motor.

B. ▢ Proporcionar energía eléctrica al vehículo.

C. ▢ Controlar la temperatura del motor.

D. ▢ Aumentar la tracción de las ruedas.

14. ¿Cuál es la función del sistema de escape en un vehículo?

A. ▢ Controlar la dirección del vehículo.

B. ▢ Proporcionar energía eléctrica al vehículo.

C. ▢ Regular la temperatura del motor.

D. ▢ Reducir el ruido y eliminar los gases de escape del motor.

15. ¿Cuál de las siguientes acciones es importante para mantener una distancia segura entre tu vehículo y el vehículo que te precede?

A. ▢ Conducir más cerca del vehículo para seguir su camino.

B. ▢ Mantener el pie en el pedal del freno continuamente.

C. ▢ Tener suficiente espacio para detenerte de manera segura.

D. ▢ Acelerar para mantener el ritmo del vehículo que te precede.

Respuestas correctas para el examen de control y seguridad del vehículo 5

1. C. Frenar de golpe.

2. B. Controlar el movimiento de las ruedas.

3. D. Proteger a los ocupantes en caso de colisión.

4. D. Evita que las ruedas se bloqueen durante el frenado brusco.

5. C. Soltar el acelerador y dirigir suavemente el vehículo hacia donde quieres ir.

6. B. Mantener una distancia más corta con los vehículos que te preceden.

7. C. Descansar lo suficiente antes de conducir.

8. C. Detenerse completamente y ceder el paso a otros vehículos.

9. C. Limpiaparabrisas.

10. C. Soltar el acelerador y mantener el volante firme para mantener la dirección del vehículo.

11. B. Controlar la dirección del vehículo.

12. A. Colocar el vehículo en punto muerto y aplicar el freno de estacionamiento.

13. C. Controlar la temperatura del motor.

14. D. Reducir el ruido y eliminar los gases de escape del motor.

15. C. Tener suficiente espacio para detenerte de manera segura.

Alcohol y drogas

Este capítulo tiene como objetivo proporcionarte una comprensión completa sobre el impacto del consumo de alcohol y drogas en la seguridad vial. Conducir bajo la influencia de sustancias psicoactivas es extremadamente peligroso y puede tener consecuencias devastadoras para ti, tus pasajeros y otros usuarios de la vía. Es crucial comprender los efectos de estas sustancias en el cuerpo y la mente, así como las leyes y las consecuencias legales asociadas.

Introducción a las Sustancias Psicoactivas

El consumo de alcohol y drogas afecta negativamente las habilidades cognitivas y físicas necesarias para una conducción segura. En esta sección, exploraremos los diferentes tipos de sustancias psicoactivas, incluyendo el alcohol, la marihuana, los estimulantes, los depresores y los narcóticos. Analizaremos los efectos específicos de cada sustancia en la capacidad de atención, coordinación, tiempo de reacción y juicio, y cómo estos efectos pueden comprometer la seguridad vial.

Efectos del Alcohol en la Conducción

El alcohol es una de las sustancias más comunes y peligrosas que afecta la capacidad de conducir. En esta sección, examinaremos cómo el alcohol se absorbe, distribuye y metaboliza en el cuerpo. Discutiremos los niveles legales de alcohol en sangre y los efectos del consumo excesivo en la conducción, como disminución de la coordinación motora, visión borrosa, falta de juicio y tiempo de reacción más lento. También abordaremos los riesgos y las consecuencias legales asociadas con la conducción bajo la influencia del alcohol.

Efectos de las Drogas en la Conducción

Además del alcohol, muchas otras drogas ilícitas y medicamentos recetados pueden afectar la capacidad de conducir de manera segura. En esta sección, exploraremos los efectos de las drogas en el sistema nervioso central y cómo pueden alterar la concentración, la percepción y la coordinación necesarias para la conducción. Discutiremos los efectos de la marihuana, los estimulantes, los depresores y los narcóticos en la conducción y los riesgos asociados con su uso al volante.

Leyes y Consecuencias Legales

Conducir bajo la influencia del alcohol o las drogas es una violación grave de la ley y puede tener consecuencias legales significativas. En esta sección, examinaremos las leyes de DUI (Conducir bajo la Influencia) en California, incluyendo los límites legales de alcohol en sangre, las sanciones para los conductores convictos y las políticas de tolerancia cero para conductores menores de edad. También discutiremos el proceso de arresto, las pruebas de sobriedad y los programas de rehabilitación disponibles para los infractores.

Prevención y Educación

La prevención es fundamental para abordar el problema del consumo de alcohol y drogas en la conducción. En esta sección, exploraremos estrategias y programas educativos diseñados para concienciar sobre los peligros de conducir bajo la influencia. Discutiremos la importancia de la planificación anticipada, la designación de un conductor sobrio y la promoción de alternativas seguras para evitar ponerse al volante bajo los efectos de sustancias psicoactivas.

Conclusiones

El consumo de alcohol y drogas antes o durante la conducción es una elección irresponsable que pone en peligro la vida de todos en la carretera. Este capítulo ha proporcionado una visión general de los efectos del alcohol y las drogas en la conducción, las leyes asociadas y las medidas preventivas. Recuerda que la seguridad vial es responsabilidad de todos, y es crucial tomar decisiones informadas y responsables para evitar tragedias causadas por la conducción bajo la influencia de sustancias psicoactivas.

A medida que continúes tu camino hacia convertirte en un conductor responsable y seguro, recuerda siempre elegir la sobriedad al volante y ser un defensor de la seguridad vial en tu comunidad.

Con fines de entrenamiento, puedes marcar el símbolo ▢ junto a lo que creas que es la respuesta correcta. Una vez que hayas seleccionado la respuesta correcta, usa un lápiz o bolígrafo para marcar el símbolo ▢ junto a esa respuesta.

Examen de alcohol y drogas

1. ¿Qué tipo de sustancia psicoactiva es el alcohol?

A. ☐ Estimulante

B. ☐ Depresor

C. ☐ Narcótico

D. ☐ Alucinógeno

2. ¿Cuál de las siguientes afirmaciones es verdadera sobre los efectos del alcohol en la conducción?

A. ☐ Mejora la coordinación motora

B. ☐ Aumenta el tiempo de reacción

C. ☐ Mejora la capacidad de atención

D. ☐ Aumenta la visión clara

3. ¿Cuál es el órgano principal responsable de metabolizar el alcohol en el cuerpo?

A. ☐ Riñones

B. ☐ Hígado

C. ☐ Pulmones

D. ☐ Estómago

4. ¿Cuál es el límite legal de alcohol en sangre para los conductores mayores de 21 años en California?

A. ▢ 0.02%

B. ▢ 0.04%

C. ▢ 0.06%

D. ▢ 0.08%

5. ¿Cuáles son algunos de los efectos del consumo de marihuana en la conducción?

A. ▢ Aumento de la concentración

B. ▢ Mejora de la coordinación motora

C. ▢ Disminución del tiempo de reacción

D. ▢ Visión clara y nítida

6. ¿Cuáles son algunos de los efectos del consumo de estimulantes en la conducción?

A. ▢ Disminución de la atención

B. ▢ Aumento de la somnolencia

C. ▢ Aumento de la coordinación motora

D. ▢ Aumento de la agresividad al volante

7. ¿Cuál es la sanción legal para un conductor convicto por DUI en California?

A. ▢ Suspensión de la licencia de manejo por 6 meses

B. ▢ Multa de $100

C. ▢ Libertad condicional de 1 año

D. ▢ Prisión de 3 años

8. ¿Qué es la política de tolerancia cero para los conductores menores de edad?

A. ▢ Prohibición total de consumo de alcohol para los conductores menores de 21 años

B. ▢ Límite de alcohol en sangre del 0.08% para los conductores menores de 21 años

C. ▢ Tolerancia limitada para los conductores menores de 21 años

D. ▢ Permisos especiales para los conductores menores de 21 años para consumir alcohol en ciertas circunstancias

9. ¿Qué es la prueba de sobriedad que evalúa la capacidad de una persona para seguir instrucciones y realizar tareas simples?

A. ▢ Prueba del aliento

B. ▢ Prueba de coordinación de campo

C. ▢ Prueba de sangre

D. ▢ Prueba de orina

10. ¿Cuál de las siguientes afirmaciones es verdadera sobre los efectos del alcohol y las drogas en la capacidad de atención?

A. ▢ Mejoran la capacidad de atención

B. ▢ No tienen efectos en la capacidad de atención

C. ▢ Reducen la capacidad de atención

D. ▢ Incrementan la velocidad de reacción

11. ¿Cuál es la edad mínima legal para comprar y consumir alcohol en California?

A. ▢ 18 años

B. ▢ 19 años

C. ▢ 20 años

D. ▢ 21 años

12. ¿Cuál es la mejor manera de evitar conducir bajo la influencia de sustancias psicoactivas?

A. ▢ Designar a un conductor sobrio

B. ▢ Consumir alimentos antes de conducir

C. ▢ Tomar café antes de conducir

D. ▢ Confiar en la capacidad personal de manejar bajo la influencia

13. ¿Cuál de las siguientes afirmaciones es verdadera sobre los efectos del consumo de drogas en la conducción?

A. ▢ Mejoran la visión nocturna

B. ▢ Disminuyen el tiempo de reacción

C. ▢ Aumentan la coordinación motora

D. ▢ Pueden causar alucinaciones y delirios

14. ¿Cuál es la sanción legal para un conductor menor de edad convicto por DUI en California?

A. ☐ Suspensión de la licencia de manejo por 30 días

B. ☐ Multa de $500

C. ☐ Libertad condicional de 6 meses

D. ☐ Programa de educación vial obligatorio

15. ¿Cuál de las siguientes afirmaciones es verdadera sobre los efectos del alcohol en la toma de decisiones?

A. ☐ Mejora la capacidad de tomar decisiones informadas

B. ☐ No tiene efectos en la toma de decisiones

C. ☐ Reduce la capacidad de tomar decisiones racionales

D. ☐ Incrementa la velocidad de procesamiento de información

Respuestas correctas para el examen de alcohol y drogas

1. B. Depresor

2. B. Aumenta el tiempo de reacción

3. B. Hígado

4. D. 0.08%

5. C. Disminución del tiempo de reacción

6. A. Disminución de la atención

7. D. Prisión de 3 años

8. A. Prohibición total de consumo de alcohol para los conductores menores de 21 años

9. B. Prueba de coordinación de campo

10. C. Reducen la capacidad de atención

11. D. 21 años

12. A. Designar a un conductor sobrio

13. D. Pueden causar alucinaciones y delirios

14. A. Designar a un conductor sobrio

14. B. Multa de $500

15. C. Reduce la capacidad de tomar decisiones racionales

Examen de alcohol y drogas 2

1. ¿Cuál de los siguientes es un efecto del alcohol en el cuerpo?

   A. ▢ Aumento de la coordinación motora

   B. ▢ Aumento de la concentración

   C. ▢ Mejora de la visión

   D. ▢ Disminución del tiempo de reacción

2. ¿Qué efecto tiene el consumo de alcohol en la capacidad de juicio?

   A. ▢ Mejora la capacidad de tomar decisiones

   B. ▢ Aumenta el tiempo de reacción

   C. ▢ No tiene efecto en el juicio

   D. ▢ Disminuye la capacidad de juicio

3. ¿Qué órgano del cuerpo es el principal responsable de descomponer el alcohol?

   A. ▢ Estómago

   B. ▢ Riñón

   C. ▢ Hígado

   D. ▢ Páncreas

4. ¿Cuál es el límite legal de alcohol en sangre para los conductores mayores de 21 años en California?

   A. ▢ 0.04%

   B. ▢ 0.06%

   C. ▢ 0.08%

D. ☐ 0.10%

5. ¿Cuál es un efecto común del consumo de drogas en el tiempo de reacción del conductor?

A. ☐ Aumento del tiempo de reacción

B. ☐ Mejora del tiempo de reacción

C. ☐ No tiene efecto en el tiempo de reacción

D. ☐ Disminución del tiempo de reacción

6. ¿Qué efecto tiene el consumo de alcohol en la capacidad de atención del conductor?

A. ☐ Disminución de la atención

B. ☐ Aumento de la atención

C. ☐ No tiene efecto en la atención

D. ☐ Mejora de la atención

7. ¿Cuál de las siguientes es una consecuencia común del consumo de alcohol mientras se conduce?

A. ☐ Aumento de la habilidad para tomar decisiones

B. ☐ Mejora de la visión periférica

C. ☐ Disminución de la agresividad

D. ☐ Deterioro de la coordinación motora

8. ¿Qué efecto tiene el consumo de drogas en la capacidad de razonamiento del conductor?

A. ☐ Mejora del razonamiento

B. ☐ Disminución del razonamiento

C. ☐ No tiene efecto en el razonamiento

D. ☐ Aumento del razonamiento crítico

9. ¿Qué tipo de droga es conocida por aumentar la agresividad y la toma de riesgos en los conductores?

A. ▢ Marihuana

B. ▢ Heroína

C. ▢ Cocaína

D. ▢ LSD

10. ¿Cuál de las siguientes afirmaciones es verdadera sobre el consumo de alcohol y drogas al conducir?

A. ▢ Mejora la coordinación motora

B. ▢ Disminuye el tiempo de reacción

C. ▢ No tiene efecto en la capacidad de juicio

D. ▢ Aumenta el riesgo de accidentes

11. ¿Qué efecto tiene el consumo de drogas en la visión del conductor?

A. ▢ Mejora de la visión nocturna

B. ▢ Aumento de la percepción de profundidad

C. ▢ Visión borrosa o distorsionada

D. ▢ Mayor capacidad de enfoque

12. ¿Cuál de las siguientes es una consecuencia común del consumo de alcohol y drogas mientras se conduce?

A. ▢ Mejora de la capacidad de atención

B. ▢ Aumento de la capacidad de juicio

C. ☐ Disminución de la concentración

D. ☐ Mayor habilidad para reaccionar

13. ¿Cuál de las siguientes es una forma efectiva de evitar la conducción bajo la influencia del alcohol o drogas?

A. ☐ Designar a un conductor sobrio

B. ☐ Consumir bebidas alcohólicas con moderación

C. ☐ Confiar en la capacidad personal para conducir

D. ☐ Consumir alcohol después de conducir

14. ¿Cuál es la principal razón por la que el consumo de drogas y alcohol es peligroso al conducir?

A. ☐ Aumenta la capacidad de reacción

B. ☐ Mejora la concentración

C. ☐ Disminuye el tiempo de reacción

D. ☐ Aumenta la coordinación motora

15. ¿Cuál es una consecuencia legal por conducir bajo la influencia del alcohol o drogas en California?

A. ☐ Multa por exceso de velocidad

B. ☐ Suspensión de la licencia de conducir

C. ☐ Aumento del límite de velocidad

D. ☐ Permiso para conducir en carriles exclusivos

Respuestas correctas para el examen de alcohol y drogas 2

1. D. Disminución del tiempo de reacción

2. D. Disminuye la capacidad de juicio

3. C. Hígado

4. C. 0.08%

5. A. Aumento del tiempo de reacción

6. A. Disminución de la atención

7. D. Deterioro de la coordinación motora

8. B. Disminución del razonamiento

9. C. Cocaína

10. D. Aumenta el riesgo de accidentes

11. C. Visión borrosa o distorsionada

12. C. Disminución de la concentración

13. A. Designar a un conductor sobrio

14. C. Disminuye el tiempo de reacción

15. B. Suspensión de la licencia de conducir

Examen de alcohol y drogas 3

1. ¿Cuál es el efecto principal del alcohol en la conducción?

A. ▢ Aumenta la capacidad de atención

B. ▢ Mejora la coordinación motora

C. ▢ Disminuye la visión periférica

D. ▢ Aumenta el tiempo de reacción

2. ¿Es legal operar un vehículo bajo la influencia de drogas recreativas?

A. ▢ Verdadero

B. ▢ Falso

3. ¿Qué órgano del cuerpo humano se ve afectado principalmente por el consumo de alcohol?

A. ▢ Riñones

B. ▢ Páncreas

C. ▢ Hígado

D. ▢ Corazón

4. ¿Cuál es el límite legal de concentración de alcohol en la sangre para los conductores menores de 21 años?

A. ▢ 0.08%

B. ▢ 0.05%

C. ▢ 0.02%

D. ▢ 0.00%

5. ¿Cuál es el efecto del consumo de alcohol en el tiempo de reacción del conductor?

    A. ▢ Aumento del tiempo de reacción

    B. ▢ Reducción del tiempo de reacción

    C. ▢ No afecta el tiempo de reacción

    D. ▢ Aumenta la precisión del tiempo de reacción

6. ¿Qué efecto tiene el alcohol en la atención del conductor?

    A. ▢ Aumenta la atención

    B. ▢ No afecta la atención

    C. ▢ Disminuye la atención

    D. ▢ Mejora la concentración

7. ¿Cuál de los siguientes es un efecto común del consumo de drogas en la coordinación motora?

    A. ▢ Aumento de la coordinación motora

    B. ▢ No afecta la coordinación motora

    C. ▢ Mejora la precisión de la coordinación motora

    D. ▢ Deterioro de la coordinación motora

8. ¿Qué efecto tiene el alcohol en el razonamiento del conductor?

    A. ▢ Aumento del razonamiento

    B. ▢ Disminución del razonamiento

    C. ▢ No afecta el razonamiento

    D. ▢ Mejora la lógica del razonamiento

9. ¿Cuál de las siguientes drogas es un estimulante que puede causar agresividad y comportamiento arriesgado?

　A. ▫ Marihuana

　B. ▫ Heroína

　C. ▫ Cocaína

　D. ▫ LSD

10. ¿Cuál es el riesgo asociado con la combinación de alcohol y conducción?

　A. ▫ Disminuye el riesgo de accidentes

　B. ▫ No afecta el riesgo de accidentes

　C. ▫ Aumenta el riesgo de accidentes

　D. ▫ Mejora la visión de los riesgos

11. ¿Cuál es un síntoma común del consumo de marihuana antes de conducir?

　A. ▫ Aumento de la visión periférica

　B. ▫ Mayor concentración

　C. ▫ Visión borrosa o distorsionada

　D. ▫ Mayor precisión en las maniobras

12. ¿Cómo afecta el consumo de drogas la capacidad de concentración del conductor?

　A. ▫ Aumenta la concentración

　B. ▫ No afecta la concentración

　C. ▫ Disminuye la concentración

　D. ▫ Mejora la memoria a corto plazo

13. ¿Cuál es una medida efectiva para evitar conducir bajo la influencia de alcohol o drogas?

A. ▢ Designar a un conductor sobrio

B. ▢ Consumir bebidas alcohólicas con moderación

C. ▢ Tomar café antes de conducir

D. ▢ Usar drogas recetadas solo los fines de semana

14. ¿Qué efecto tiene el consumo de alcohol en el tiempo de reacción del conductor?

A. ▢ Aumenta el tiempo de reacción

B. ▢ Disminuye el tiempo de reacción

C. ▢ No afecta el tiempo de reacción

D. ▢ Aumenta la precisión del tiempo de reacción

15. ¿Cuál es la consecuencia más común por conducir bajo la influencia de alcohol o drogas?

A. ▢ Multa económica

B. ▢ Suspensión de la licencia de conducir

C. ▢ Advertencia escrita

D. ▢ Realización de servicio comunitario

Respuestas correctas para el examen de alcohol y drogas 3

1. **C.** Disminuye la visión periférica
2. **B.** Falso
3. **C.** Hígado
4. **D.** 0.00%
5. **A.** Aumento del tiempo de reacción
6. **C.** Disminuye la atención
7. **D.** Deterioro de la coordinación motora
8. **B.** Disminución del razonamiento
9. **C.** Cocaína
10. **C.** Aumenta el riesgo de accidentes
11. **C.** Visión borrosa o distorsionada
12. **C.** Disminuye la concentración
13. **A.** Designar a un conductor sobrio
14. **A.** Aumenta el tiempo de reacción
15. **B**. Suspensión de la licencia de conducir

Examen de alcohol y drogas 4

1. La concentración de alcohol en la sangre se mide en porcentaje de alcohol por volumen. Verdadero o falso?

A. ▢ Verdadero

B. ▢ Falso

2. Consumir alcohol en exceso puede afectar negativamente la capacidad de un conductor para:

A. ▢ Mantener la velocidad adecuada.

B. ▢ Cambiar de carril correctamente.

C. ▢ Mantener la distancia de seguimiento.

D. ▢ Todas las anteriores.

3. El consumo de alcohol puede disminuir la capacidad de juicio y la toma de decisiones de un conductor. Verdadero o falso?

A. ▢ Verdadero

B. ▢ Falso

4. ¿Cuál es el límite legal de concentración de alcohol en la sangre para conductores menores de 21 años?

A. ▢ 0.04%

B. ▢ 0.08%

C. ▢ 0.01%

D. ▢ 0.00%

5. El consumo de alcohol puede afectar negativamente la coordinación motora y el equilibrio de un conductor. Verdadero o falso?

A. ▢ Verdadero

B. ▢ Falso

6. ¿Cuál de las siguientes drogas puede causar somnolencia y disminuir la capacidad de un conductor para estar alerta?

A. ▢ Marihuana

B. ▢ Anfetaminas

C. ▢ Sedantes

D. ▢ Todas las anteriores

7. ¿Cuál de las siguientes afirmaciones es verdadera sobre el consumo de drogas mientras se conduce?

A. ▢ Las drogas siempre mejoran las habilidades de conducción.

B. ▢ El consumo de drogas solo afecta a los conductores novatos.

C. ▢ El consumo de drogas puede afectar negativamente la capacidad de un conductor para operar un vehículo de manera segura.

D. ▢ El consumo de drogas solo afecta a los conductores jóvenes.

8. El consumo de marihuana puede afectar negativamente la atención y la percepción de un conductor. Verdadero o falso?

A. ▢ Verdadero

B. ▢ Falso

9. ¿Cuál de las siguientes drogas puede causar alucinaciones y afectar la coordinación motora?

A. ☐ Éxtasis

B. ☐ Heroína

C. ☐ LSD

D. ☐ Ninguna de las anteriores

10. ¿Cuál de las siguientes acciones se considera una consecuencia legal por conducir bajo la influencia de alcohol o drogas?

A. ☐ Aumento del límite de velocidad permitido.

B. ☐ Suspensión de la licencia de conducir.

C. ☐ Descuento en el seguro de automóvil.

D. ☐ Permiso para estacionar en áreas prohibidas.

11. El consumo de drogas puede aumentar el tiempo de reacción de un conductor. Verdadero o falso?

A. ☐ Verdadero

B. ☐ Falso

12. ¿Cuál de las siguientes afirmaciones es verdadera sobre el consumo de alcohol y drogas mientras se conduce?

A. ☐ Mejora la coordinación y la atención.

B. ☐ No tiene efectos en la capacidad de conducción.

C. ☐ Aumenta el riesgo deaccidentes y lesiones.

D. ☐ Solo afecta a los conductores jóvenes.

13. ¿Cuál de las siguientes drogas puede causar agresión, irritabilidad y problemas de juicio?

A. ▢ Cocaína

B. ▢ Marihuana

C. ▢ Heroína

D. ▢ Todas las anteriores

14. El consumo de alcohol puede afectar la visión de un conductor. Verdadero o falso?

A. ▢ Verdadero

B. ▢ Falso

15. ¿Cuál de las siguientes afirmaciones es verdadera sobre el consumo de drogas y conducción?

A. ▢ No hay consecuencias legales por conducir bajo la influencia de drogas.

B. ▢ El consumo de drogas solo afecta a los conductores jóvenes.

C. ▢ El consumo de drogas puede afectar negativamente la capacidad de un conductor para operar un vehículo de manera segura.

D. ▢ Las drogas solo mejoran las habilidades de conducción.

Respuestas correctas para el examen de alcohol y drogas 4

1. **A.** Verdadero

2. **D.** Todas las anteriores.

3. **A.** Verdadero

4. **C.** 0.01%

5. **A.** Verdadero

6. **D.** Todas las anteriores

7. **C.** El consumo de drogas puede afectar negativamente la capacidad de un conductor para operar un vehículo de manera segura.

8. **A.** Verdadero

9. **C.** LSD

10. **B.** Suspensión de la licencia de conducir.

11. **A.** Verdadero

12. **C.** Aumenta el riesgo de accidentes y lesiones.

13. **A.** Cocaína

14. **A.** Verdadero

15. **C.** El consumo de drogas puede afectar negativamente la capacidad de un conductor para operar un vehículo de manera segura.

Examen de alcohol y drogas 5

1. ¿El consumo de alcohol puede afectar negativamente la capacidad de un conductor para operar un vehículo de manera segura?

A. ▢ Verdadero
B. ▢ Falso

2. ¿Cuál de las siguientes afirmaciones es verdadera sobre los efectos del alcohol en la conducción?

A. ▢ El alcohol disminuye los tiempos de reacción del conductor.
B. ▢ El alcohol mejora la visión y la coordinación del conductor.
C. ▢ El alcohol puede causar somnolencia y disminuir la atención del conductor.
D. ▢ El alcohol aumenta la habilidad del conductor para tomar decisiones adecuadas.

3. ¿Qué porcentaje de alcohol en la sangre (BAC) es ilegal para los conductores menores de 21 años en California?

A. ▢ 0.08%
B. ▢ 0.04%
C. ▢ 0.01%
D. ▢ 0.10%

4. ¿Es seguro conducir bajo la influencia de las drogas?

A. ▢ Verdadero
B. ▢ Falso

5. ¿Cuáles de las siguientes drogas pueden afectar la capacidad de conducción de un individuo?

A. ▢ Marihuana

B. ▢ Cafeína

C. ▢ Antidepresivos

D. ▢ Todas las anteriores

6. ¿El consumo de drogas afecta solo la capacidad de un conductor para operar un vehículo de manera segura?

A. ▢ Verdadero

B. ▢ Falso

7. ¿Cuál de las siguientes afirmaciones es verdadera sobre los efectos de las drogas en la conducción?

A. ▢ Las drogas pueden mejorar la visión y la concentración del conductor.

B. ▢ Las drogas pueden disminuir la somnolencia y aumentar la atención del conductor.

C. ▢ El consumo de drogas puede afectar negativamente la capacidad de un conductor para operar un vehículo de manera segura.

D. ▢ Las drogas pueden reducir el riesgo de accidentes de tráfico.

8. ¿Es seguro consumir alcohol y luego conducir?

A. ▢ Verdadero

B. ▢ Falso

9. ¿Cuál de las siguientes drogas puede causar alucinaciones y distorsiones de la percepción?

   A. ▢ Cocaína

   B. ▢ Heroína

   C. ▢ LSD

   D. ▢ Metanfetaminas

10. ¿Cuál es la consecuencia común de una condena por conducir bajo la influencia de alcohol o drogas en California?

    A. ▢ Multa de tráfico.

    B. ▢ Suspensión de la licencia de conducir.

    C. ▢ Pago de una cuota adicional al seguro.

    D. ▢ Requisito de completar un curso de manejo defensivo.

11. ¿El consumo de alcohol puede aumentar el riesgo de accidentes de tráfico y lesiones?

    A. ▢ Verdadero

    B. ▢ Falso

12. ¿Cuál es el principal efecto de conducir bajo la influencia del alcohol o las drogas?

    A. ▢ Aumenta la concentración y la atención del conductor.

    B. ▢ Mejora la coordinación motora del conductor.

    C. ▢ Aumenta el riesgo de accidentes y lesiones.

    D. ▢ Disminuye la capacidad de respuesta del conductor a situaciones de emergencia.

13. ¿Cuál de las siguientes drogas es un estimulante que puede aumentar la agresividad y la impulsividad?

   A. ☐ Cocaína
   B. ☐ Marihuana
   C. ☐ Heroína
   D. ☐ LSD

14. ¿El consumo de drogas solo afecta la capacidad de un conductor para operar un vehículo de manera segura?

   A. ☐ Verdadero
   B. ☐ Falso

15. ¿El consumo de alcohol y drogas puede afectar negativamente la capacidad de un conductor para operar un vehículo de manera segura?

   A. ☐ Verdadero
   B. ☐ Falso

Respuestas correctas para el examen de alcohol y drogas 5

1. Verdadero

2. C. El alcohol puede causar somnolencia y disminuir la atención del conductor.

3. C. 0.01%

4. B. Falso

5. D. Todas las anteriores

6. B. Falso

7. C. El consumo de drogas puede afectar negativamente la capacidad de un conductor para operar un vehículo de manera segura.

8. B. Falso

9. C. LSD

10. B. Suspensión de la licencia de conducir.

11. A. Verdadero

12. C. Aumenta el riesgo de accidentes y lesiones.

13. A. Cocaína

14. B. Falso

15. A. Verdadero

Equipamiento y mantenimiento del vehículo

Este capítulo tiene como objetivo proporcionarte una comprensión completa del equipo y mantenimiento de vehículos, conocimientos fundamentales para conducir de manera segura y responsable en California. Mantener tu vehículo en buenas condiciones y asegurarte de que cuente con el equipo adecuado no solo garantizará tu seguridad y la de tus pasajeros, sino que también contribuirá a la seguridad general en las vías de circulación. A lo largo de este capítulo, exploraremos los detalles sobre el equipo esencial que debes tener en tu vehículo, así como los aspectos clave del mantenimiento adecuado.

Equipo de Seguridad Obligatorio

Comenzaremos por examinar el equipo de seguridad obligatorio que todo vehículo debe tener según las leyes de California. Hablaremos sobre elementos como las luces delanteras y traseras, intermitentes, luces de freno, luces de emergencia y luces de matrícula. Aprenderás la importancia de mantener estas luces en buen estado de funcionamiento, así como el correcto uso de cada una de ellas. También discutiremos sobre los espejos retrovisores, los cinturones de seguridad y los sistemas de retención infantil, que son esenciales para la protección de todos los ocupantes del vehículo.

Neumáticos y Suspensión

En esta sección, nos enfocaremos en los neumáticos y la suspensión, dos aspectos fundamentales para el buen desempeño y la seguridad de tu vehículo. Discutiremos la importancia de mantener los neumáticos en buen estado, incluyendo el nivel adecuado de presión y el desgaste de la banda de rodadura. Además, aprenderás sobre la importancia de una suspensión adecuada y cómo identificar posibles problemas o desgaste en este sistema. Conocer estos aspectos te permitirá mantener un mejor control sobre tu vehículo y reducir el riesgo de accidentes.

Sistemas de Frenado

El sistema de frenado es uno de los componentes más críticos para la seguridad de tu vehículo. En esta sección, exploraremos los diferentes aspectos relacionados con los frenos, incluyendo los tipos de frenos, el mantenimiento adecuado y las señales de advertencia de posibles problemas. Aprenderás cómo verificar y reemplazar las pastillas de freno, así como cómo identificar problemas comunes, como el desgaste irregular o la pérdida de líquido de frenos. Comprender los sistemas de frenado te permitirá mantener la capacidad de detención adecuada y reaccionar de manera segura ante situaciones de emergencia en la carretera.

Sistemas de Dirección y Suspensión

En esta sección, abordaremos los sistemas de dirección y suspensión de tu vehículo. Exploraremos cómo funcionan estos sistemas, incluyendo los componentes clave y su mantenimiento adecuado. Discutiremos la importancia de una dirección precisa y sensible, así como de una suspensión que proporcione un viaje suave y estable. Aprenderás sobre los síntomas de posibles problemas en estos sistemas y las acciones correctivas que debes tomar para mantener un manejo seguro de tu vehículo.

Sistemas de Escape y Emisiones

Los sistemas de escape y emisiones tienen un papel crucial tanto para el rendimiento del vehículo como para el medio ambiente. En esta sección, analizaremos la importancia de mantener un sistema de escape en buen estado de funcionamiento, incluyendo la detección de fugas y el control de las emisiones. Hablaremos sobre los convertidores catalíticos y los requisitos de inspección de emisiones en California. Aprenderás cómo identificar posibles problemas en el sistema de escape y cómo tomar medidas correctivas para mantener la eficiencia y reducir la contaminación.

Fluidos y Lubricantes

Otro aspecto vital del mantenimiento del vehículo se relaciona con los fluidos y lubricantes. Discutiremos la importancia de verificar y cambiar regularmente el aceite del motor, el líquido de transmisión, el líquido de frenos y el líquido refrigerante. Aprenderás cómo identificar niveles bajos o contaminación en estos fluidos y cuándo realizar los cambios según las recomendaciones del fabricante. También discutiremos el papel de la lubricación adecuada en diferentes componentes del vehículo y cómo mantenerlos en buen estado.

Sistemas Eléctricos y Batería

En esta sección, nos enfocaremos en los sistemas eléctricos y la batería de tu vehículo. Exploraremos los componentes clave, como el sistema de carga, el sistema de encendido y los fusibles. Discutiremos cómo identificar y solucionar problemas comunes, como fusibles quemados o batería descargada. Aprenderás sobre las precauciones de seguridad al trabajar con sistemas eléctricos y cómo mantener la batería en buen estado para un arranque confiable.

Accesorios y Equipamiento Opcional

Además del equipo obligatorio, existen accesorios y equipamiento opcional que pueden mejorar la comodidad y la seguridad en tu vehículo. En esta sección, exploraremos diferentes elementos, como los sistemas de navegación, los sistemas de entretenimiento, los sistemas de comunicación y los dispositivos de seguridad adicionales. Aprenderás cómo utilizar estos accesorios de manera responsable y cómo pueden influir en tu conducción.

Conclusion

Felicidades por completar la introducción al capítulo sobre equipo y mantenimiento de vehículos en el examen del DMV de California. Al estudiar este capítulo, has adquirido conocimientos fundamentales sobre el equipo de seguridad obligatorio, el mantenimiento de neumáticos, sistemas de frenado, dirección y suspensión, sistemas de escape y emisiones, fluidos y lubricantes, sistemas eléctricos y batería, así como los accesorios y equipamiento opcional. Mantener tu vehículo en buen estado y contar con el equipo adecuado son aspectos clave para una conducción segura y responsable.

A medida que continúas tu camino para convertirte en un conductor responsable y conocedor, recuerda aplicar los principios y técnicas aprendidas en este capítulo. Prioriza el mantenimiento adecuado de tu vehículo, realiza inspecciones regulares y asegúrate de que el equipo obligatorio esté en buen estado. ¡Conducir de manera segura es responsabilidad de todos y contribuye a un entorno vial más seguro para todos los usuarios!

Con fines de entrenamiento, puedes marcar el símbolo ○ junto a lo que creas que es la respuesta correcta. Una vez que hayas seleccionado la respuesta correcta, usa un lápiz o bolígrafo para marcar el símbolo ○ junto a esa respuesta.

Examen de equipamiento y mantenimiento del vehículo

1. ¿Cuál de los siguientes elementos es un equipo de seguridad obligatorio en un vehículo?

A. ▢ Neumáticos desinflados

B. ▢ Espejo retrovisor roto

C. ▢ Luces delanteras funcionando correctamente

D. ▢ Asientos desgastados

2. Verdadero o falso: Es necesario mantener la presión adecuada de los neumáticos para asegurar un rendimiento óptimo del vehículo.

A. ▢ Verdadero

B. ▢ Falso

3. ¿Cuál es una señal de advertencia de posibles problemas en el sistema de frenos?

A. ▢ Líquido de frenos claro

B. ▢ Desgaste uniforme de las pastillas de freno

C. ▢ Pérdida de líquido de frenos

D. ▢ Dirección precisa

4. Verdadero o falso: La suspensión de un vehículo no tiene ningún impacto en el manejo y la estabilidad del mismo.

A. ▢ Verdadero

B. ▢ Falso

5. ¿Cuál de los siguientes fluidos es esencial para el funcionamiento adecuado del motor de un vehículo?

A. ▢ Agua destilada

B. ▢ Aceite de cocina

C. ▢ Aceite del motor

D. ▢ Detergente para la ropa

6. ¿Cuál de las siguientes opciones es un componente clave del sistema eléctrico de un vehículo?

A. ▢ Licuadora

B. ▢ Radio portátil

C. ▢ Batería del vehículo

D. ▢ Teléfono celular

7. Verdadero o falso: Los fusibles se utilizan para proteger los sistemas eléctricos del vehículo contra sobrecargas.

A. ▢ Verdadero

B. ▢ Falso

8. ¿Cuál de los siguientes elementos no es un accesorio opcional para un vehículo?

A. ▢ Sistema de navegación

B. ▢ Sistema de entretenimiento

C. ▢ Sistema de frenos ABS

D. ▢ Dispositivo de seguridad adicional

9. ¿Cuál es la función principal de los cinturones de seguridad en un vehículo?

A. ▢ Proporcionar comodidad

B. ▢ Mejorar la apariencia del vehículo

C. ▢ Reducir el ruido del motor

D. ▢ Brindar protección en caso de colisión

10. Verdadero o falso: Los convertidores catalíticos son parte del sistema de escape y ayudan a reducir las emisiones contaminantes.

A. ▢ Verdadero

B. ▢ Falso

11. ¿Cuál de los siguientes líquidos es esencial para el sistema de frenos de un vehículo?

A. ▢ Agua potable

B. ▢ Aceite de oliva

C. ▢ Líquido de frenos

D. ▢ Vinagre

12. Verdadero o falso: El mantenimiento adecuado del sistema de dirección ayuda a mantener el control del vehículo.

A. ▢ Verdadero

B. ▢ Falso

13. ¿Cuál de los siguientes elementos no es parte del equipo de seguridad obligatorio en un vehículo?

A. ◻ Luces de freno

B. ◻ Extintor de incendios

C. ◻ Airbags

D. ◻ Cinturones de seguridad

14. ¿Cuál de las siguientes acciones es recomendable para mantener la batería del vehículo en buen estado?

A. ◻ Dejar las luces encendidas durante la noche

B. ◻ Cargar la batería regularmente

C. ◻ Conectar dispositivos electrónicos sin control

D. ◻ Ignorar las advertencias de batería baja

15. Verdadero o falso: El líquido de transmisión no requiere cambios regulares y puede durar toda la vida útil del vehículo.

A. ◻ Verdadero

B. ◻ Falso

Respuestas correctas para el examen de equipamiento y mantenimiento del vehículo

1. C. Luces delanteras funcionando correctamente

2. A. Verdadero

3. C. Pérdida de líquido de frenos

4. B. Falso

5. C. Aceite del motor

6. C. Batería del vehículo

7. A. Verdadero

8. C. Sistema de frenos ABS

9. D. Brindar protección en caso de colisión

10. A. Verdadero

11. C. Líquido de frenos

12. A. Verdadero

13. B. Extintor de incendios

14. B. Cargar la batería regularmente

15. B. Falso

Examen de equipamiento y mantenimiento del vehículo 2

1. ¿Cuál de los siguientes elementos es un equipo de seguridad obligatorio en un vehículo?

A. ▢ Neumáticos desinflados

B. ▢ Espejo retrovisor roto

C. ▢ Luces delanteras funcionando correctamente

D. ▢ Asientos desgastados

2. Verdadero o falso: Es necesario revisar regularmente el nivel de aceite del motor.

A. ▢ Verdadero

B. ▢ Falso

3. ¿Cuál es una señal de que los frenos pueden necesitar mantenimiento?

A. ▢ Desgaste uniforme de las pastillas de freno

B. ▢ Líquido de frenos claro

C. ▢ Pérdida de líquido de frenos

D. ▢ Dirección precisa

4. Verdadero o falso: El mantenimiento adecuado de los neumáticos incluye verificar y ajustar la presión regularmente.

A. ▢ Verdadero

B. ▢ Falso

5. ¿Cuál de los siguientes fluidos es esencial para el funcionamiento del sistema de dirección asistida?

A. ☐ Agua destilada

B. ☐ Aceite de cocina

C. ☐ Aceite de dirección asistida

D. ☐ Detergente para la ropa

6. ¿Cuál de las siguientes acciones es recomendable para mantener la vida útil de la batería del vehículo?

A. ☐ Dejar las luces encendidas durante la noche

B. ☐ Cargar la batería regularmente

C. ☐ Conectar dispositivos electrónicos sin control

D. ☐ Ignorar las advertencias de batería baja

7. Verdadero o falso: El sistema de escape de un vehículo no requiere mantenimiento regular.

A. ☐ Verdadero

B. ☐ Falso

8. ¿Cuál de los siguientes elementos no es parte del equipo de seguridad obligatorio en un vehículo?

A. ☐ Luces de freno

B. ☐ Extintor de incendios

C. ☐ Airbags

D. ☐ Cinturones de seguridad

9. **Verdadero o falso: Es necesario revisar y reemplazar regularmente los limpiaparabrisas desgastados para mantener una visibilidad adecuada.**

A. ▢ Verdadero

B. ▢ Falso

10. **¿Cuál de los siguientes elementos es esencial para el funcionamiento adecuado del sistema de enfriamiento del motor?**

A. ▢ Agua mineral

B. ▢ Aceite de oliva

C. ▢ Líquido refrigerante

D. ▢ Vinagre

11. **Verdadero o falso: Los amortiguadores y las suspensiones no afectan la comodidad y estabilidad del vehículo.**

A. ▢ Verdadero

B. ▢ Falso

12. **¿Cuál de las siguientes acciones ayuda a prevenir la corrosión en la carrocería del vehículo?**

A. ▢ No lavar el vehículo regularmente

B. ▢ Aplicar cera protectora

C. ▢ Conducir en condiciones de lluvia sin protección

D. ▢ Ignorar los daños en la pintura

13. ¿Cuál de los siguientes elementos no es parte del sistema de iluminación de un vehículo?

A. ▢ Faros delanteros

B. ▢ Luces interiores

C. ▢ Luces de freno

D. ▢ Limpiaparabrisas

14. Verdadero o falso: Los filtros de aire del vehículo no necesitan ser reemplazados regularmente.

A. ▢ Verdadero

B. ▢ Falso

15. ¿Cuál es la función principal de los cinturones de seguridad en un vehículo?

A. ▢ Proporcionar comodidad

B. ▢ Mejorar la apariencia del vehículo

C. ▢ Reducir el ruido del motor

D. ▢ Brindar protección en caso de colisión

Respuestas correctas para el examen de equipamiento y mantenimiento del vehículo 2

1. C. Luces delanteras funcionando correctamente.

2. A. Verdadero.

3. C. Pérdida de líquido de frenos.

4. A. Verdadero.

5. C. Aceite de dirección asistida.

6. B. Cargar la batería regularmente.

7. B. Falso.

8. B. Extintor de incendios.

9. A. Verdadero.

10. C. Líquido refrigerante.

11. B. Falso.

12. B. Aplicar cera protectora.

13. D. Limpiaparabrisas.

14. B. Falso.

15. D. Brindar protección en caso de colisión.

Examen de equipamiento y mantenimiento del vehículo 3

1. ¿Cuál de los siguientes elementos es esencial para el sistema de escape de un vehículo?

A. ▢ Llantas infladas correctamente

B. ▢ Filtro de aire limpio

C. ▢ Convertidor catalítico

D. ▢ Retrovisor exterior

2. Verdadero o falso: Las luces de emergencia se utilizan para indicar una parada o una situación de emergencia.

A. ▢ Verdadero

B. ▢ Falso

3. ¿Cuál de las siguientes acciones puede ayudar a mejorar la vida útil de los neumáticos?

A. ▢ Conducir a alta velocidad

B. ▢ Ignorar las irregularidades en la presión de los neumáticos

C. ▢ Rotar los neumáticos regularmente

D. ▢ Conducir en superficies rugosas

4. Verdadero o falso: Es seguro utilizar neumáticos desgastados en un vehículo.

A. ▢ Verdadero

B. ▢ Falso

5. ¿Cuál es la función principal de un filtro de aire en un vehículo?

A. ▢ Mejorar la apariencia del vehículo

B. ▢ Reducir el ruido del motor

C. ▢ Filtrar el polvo y otras partículas del aire que ingresa al motor

D. ▢ Proporcionar comodidad al conductor

6. ¿Cuál de los siguientes líquidos es esencial para el sistema de dirección asistida de un vehículo?

A. ▢ Agua destilada

B. ▢ Líquido refrigerante

C. ▢ Aceite de dirección asistida

D. ▢ Lubricante para frenos

7. Verdadero o falso: Las pastillas de freno desgastadas pueden afectar negativamente la capacidad de frenado de un vehículo.

A. ▢ Verdadero

B. ▢ Falso

8. ¿Cuál de los siguientes elementos es una señal de que la batería del vehículo necesita ser reemplazada?

A. ▢ Baja presión de aire en los neumáticos

B. ▢ Desgaste desigual de las pastillas de freno

C. ▢ Problemas de arranque del motor

D. ▢ Líquido de frenos oscuro

9. ¿Cuál es la presión adecuada de los neumáticos recomendada por el fabricante del vehículo?

A. ▢ 20 PSI (libras por pulgada cuadrada)

B. ▢ 40 PSI (libras por pulgada cuadrada)

C. ▢ 30 PSI (libras por pulgada cuadrada)

D. ▢ 50 PSI (libras por pulgada cuadrada)

10. Verdadero o falso: Es necesario cambiar regularmente el filtro de aire del habitáculo para mantener el aire limpio en el interior del vehículo.

A. ▢ Verdadero

B. ▢ Falso

11. ¿Cuál de los siguientes elementos es una señal de advertencia de un sistema de escape defectuoso?

A. ▢ Desgaste irregular de los neumáticos

B. ▢ Olor a quemado en el motor

C. ▢ Vibraciones en el volante

D. ▢ Pérdida de líquido de frenos

Respuesta:

12. Verdadero o falso: La alineación adecuada de las ruedas ayuda a evitar un desgaste irregular de los neumáticos.

A. ▢ Verdadero

B. ▢ Falso

13. ¿Cuál de los siguientes elementos es parte del sistema de refrigeración de un vehículo?

A. ▢ Aceite del motor

B. ▢ Líquido de frenos

C. ▢ Líquido refrigerante

D. ▢ Agua destilada

Respuesta:

14. Verdadero o falso: Es seguro utilizar neumáticos de diferentes tamaños en un mismo vehículo.

A. ▢ Verdadero

B. ▢ Falso

Respuesta:

15. ¿Cuál de los siguientes elementos es parte del sistema de escape de un vehículo?

A. ▢ Espejo retrovisor exterior

B. ▢ Llantas infladas correctamente

C. ▢ Silenciador

D. ▢ Sistema de navegación

Examen de equipamiento y mantenimiento del vehículo 3

1. C. Luces delanteras funcionando correctamente.

2. Verdadero.

3. C. Rotar los neumáticos regularmente.

4. Falso.

5. C. Filtrar el polvo y otras partículas del aire que ingresa al motor.

6. Falso.

7. C. Limpiar y ajustar los frenos regularmente.

8. B. Falso.

9. D. Comprobar y ajustar la presión de los neumáticos regularmente.

10. Verdadero.

11. B. Falso.

12. B. Falso.

13. D. Todas las anteriores.

14. C. Símbolos o pictogramas.

15. A. Verdadero.

Examen de equipamiento y mantenimiento del vehículo 4

1. ¿Cuál de los siguientes elementos es esencial para un correcto funcionamiento del sistema de frenos?

A. ▢ Aceite del motor

B. ▢ Líquido de transmisión

C. ▢ Líquido de frenos

D. ▢ Agua destilada

2. Verdadero o falso: La presión de los neumáticos no afecta el consumo de combustible del vehículo.

A. ▢ Verdadero

B. ▢ Falso

3. ¿Cuál de las siguientes acciones puede ayudar a prolongar la vida útil de la batería del vehículo?

A. ▢ Dejar las luces encendidas durante la noche

B. ▢ Conectar dispositivos electrónicos sin control

C. ▢ Cargar la batería regularmente

D. ▢ Ignorar las advertencias de batería baja

4. ¿Cuál de los siguientes elementos es esencial para una correcta visibilidad mientras conduces?

A. ▢ Llantas desinfladas

B. ▢ Parabrisas roto

C. ▢ Limpiaparabrisas funcionando correctamente

D. ▢ Retrovisores desajustados

5. Verdadero o falso: Es necesario reemplazar los filtros de aire del vehículo regularmente.

A. ▢ Verdadero

B. ▢ Falso

6. ¿Cuál de los siguientes componentes del motor necesita un cambio regularmente?

A. ▢ Radiador

B. ▢ Alternador

C. ▢ Filtro de aceite

D. ▢ Volante de inercia

7. ¿Cuál de los siguientes elementos es esencial para un correcto funcionamiento del sistema de escape?

A. ▢ Tubo de escape perforado

B. ▢ Filtro de aire obstruido

C. ▢ Convertidor catalítico

D. ▢ Aceite de motor vencido

8. Verdadero o falso: Es necesario revisar regularmente el nivel de líquido de dirección asistida.

A. ▢ Verdadero

B. ▢ Falso

9. ¿Cuál de los siguientes elementos es esencial para una correcta iluminación del vehículo?

A. ▢ Faros amarillos

B. ▢ Luces de freno defectuosas

C. ▢ Luces de giro intermitentes

D. ▢ Faros delanteros funcionando correctamente

10. Verdadero o falso: Es necesario reemplazar las escobillas del limpiaparabrisas regularmente.

A. ▢ Verdadero

B. ▢ Falso

11. ¿Cuál de los siguientes elementos no es esencial para la seguridad del vehículo?

A. ▢ Cinturones de seguridad

B. ▢ Bolsas de aire

C. ▢ Frenos ABS

D. ▢ Sistema de navegación

12. ¿Cuál de los siguientes elementos es esencial para un correcto funcionamiento del sistema de dirección?

A. ▢ Líquido de frenos

B. ▢ Aceite de motor

C. ▢ Líquido de transmisión

D. ▢ Líquido de dirección asistida

13. Verdadero o falso: Es necesario reemplazar las bujías regularmente.

A. ▢ Verdadero

B. ▢ Falso

14. ¿Cuál de los siguientes elementos es esencial para la estabilidad del vehículo?

A. ▢ Asientos de cuero

B. ▢ Suspensión en mal estado

C. ▢ Volante de dirección ajustable

D. ▢ Llantas nuevas

15. ¿Cuál de los siguientes componentes es esencial para un correcto funcionamiento del sistema de climatización?

A. ▢ Cinturones de seguridad

B. ▢ Radiador

C. ▢ Compresor de aire acondicionado

D. ▢ Líquido de transmisión

Respuestas correctas para el examen de equipamiento y mantenimiento del vehículo 4

1. **C.** Líquido de frenos
2. **B.** Falso
3. **C.** Cargar la batería regularmente
4. **C.** Limpiaparabrisas funcionando correctamente
5. **A.** Verdadero
6. **C.** Filtro de aceite
7. **C.** Convertidor catalítico
8. **A.** Verdadero
9. **D.** Faros delanteros funcionando correctamente
10. **A.** Verdadero
11. **D.** Sistema de navegación
12. **D.** Líquido de dirección asistida
13. **A.** Verdadero
14. **B**. Suspensión en mal estado
15. **C.** Compresor de aire acondicionado

Examen de equipamiento y mantenimiento del vehículo 5

1. ¿Cuál de los siguientes elementos es esencial para el correcto funcionamiento del sistema de dirección de un vehículo?

A. ▢ Espejo retrovisor

B. ▢ Volante desgastado

C. ▢ Líquido de dirección asistida

D. ▢ Asientos de cuero

2. Verdadero o falso: Es necesario revisar y reemplazar regularmente las escobillas del limpiaparabrisas para mantener una visibilidad clara.

A. ▢ Verdadero

B. ▢ Falso

3. ¿Qué indica un indicador de temperatura del motor en el tablero del vehículo?

A. ▢ Presión de los neumáticos

B. ▢ Nivel de combustible

C. ▢ Temperatura del motor

D. ▢ Velocidad del vehículo

4. Verdadero o falso: Los frenos ABS (Sistema de frenos antibloqueo) ayudan a evitar que las ruedas se bloqueen durante una frenada brusca.

A. ▢ Verdadero

B. ▢ Falso

5. ¿Cuál de las siguientes acciones es recomendable para mantener los neumáticos en buen estado?

A. ☐ Conducir con una presión de aire inferior a la recomendada

B. ☐ Ignorar las señales de desgaste de los neumáticos

C. ☐ Rotar los neumáticos regularmente

D. ☐ Conducir con neumáticos desgastados

6. ¿Cuál de los siguientes componentes es esencial para el sistema de escape de un vehículo?

A. ☐ Portavasos

B. ☐ Limpiaparabrisas trasero

C. ☐ Convertidor catalítico

D. ☐ Asientos calefaccionados

7. Verdadero o falso: Los filtros de aire del vehículo solo necesitan ser reemplazados ocasionalmente.

A. ☐ Verdadero

B. ☐ Falso

8. ¿Cuál de las siguientes acciones es recomendable para mantener la batería del vehículo en buen estado?

A. ☐ Dejar las luces encendidas durante la noche

B. ☐ Cargar la batería regularmente

C. ☐ Conectar dispositivos electrónicos sin control

D. ☐ Ignorar las advertencias de batería baja

9. ¿Cuál de las siguientes opciones es un equipo de seguridad obligatorio en un vehículo?

A. ▢ Sistema de navegación

B. ▢ Sistema de entretenimiento

C. ▢ Sistema de frenos ABS

D. ▢ Dispositivo de seguridad adicional

10. Verdadero o falso: La dirección hidráulica asistida ayuda a reducir el esfuerzo necesario para girar el volante del vehículo.

A. ▢ Verdadero

B. ▢ Falso

11. ¿Cuál de los siguientes elementos es esencial para el funcionamiento adecuado del sistema de iluminación de un vehículo?

A. ▢ Linterna

B. ▢ Bocina

C. ▢ Faros delanteros funcionando correctamente

D. ▢ Luces intermitentes de emergencia

12. ¿Cuál de las siguientes acciones es recomendable para mantener el sistema de frenos en buen estado?

A. ▢ Ignorar los ruidos de los frenos

B. ▢ Conducir con pastillas de freno desgastadas

C. ▢ Realizar un sangrado del sistema de frenos regularmente

D. ▢ Ignorar las vibraciones al frenar

13. Verdadero o falso: Los amortiguadores desgastados pueden afectar negativamente la capacidad de manejo y la estabilidad del vehículo.

A. ▢ Verdadero

B. ▢ Falso

14. ¿Cuál de los siguientes elementos es parte del sistema de enfriamiento del motor de un vehículo?

A. ▢ Caja de cambios

B. ▢ Bujías

C. ▢ Radiador

D. ▢ Asientos ajustables

15. Verdadero o falso: El mantenimiento regular del sistema de suspensión ayuda a garantizar una conducción suave y controlada.

A. ▢ Verdadero

B. ▢ Falso

Respuestas correctas para el examen de equipamiento y mantenimiento del vehículo 5

1. **C.** Líquido de dirección asistida
2. **A.** Verdadero
3. **C.** Temperatura del motor
4. **A.** Verdadero
5. **C.** Rotar los neumáticos regularmente
6. **C.** Convertidor catalítico
7. **B.** Falso
8. **B.** Cargar la batería regularmente
9. **C.** Sistema de frenos ABS
10. **A.** Verdadero
11. **C.** Faros delanteros funcionando correctamente
12. **C.** Realizar un sangrado del sistema de frenos regularmente
13. **A.** Verdadero
14. **C.** Radiador
15. **A.** Verdadero

Compartiendo la vía

Este capítulo se enfoca en la importancia de compartir la vía de manera responsable y segura con otros conductores, peatones, ciclistas y diversos usuarios de la vía. Las carreteras de California están llenas de actividad, y comprender las reglas, la etiqueta y las mejores prácticas para compartir la vía es crucial para cada conductor. Al estudiar este capítulo, adquirirás conocimientos y habilidades valiosas que te ayudarán a navegar por las carreteras con confianza, reducir el riesgo de accidentes y promover un ambiente de conducción armonioso y cooperativo.

Comprensión de los Usuarios de la Vía

En esta sección, exploraremos los diversos tipos de usuarios de la vía que es probable que encuentres mientras conduces en California. Desde peatones y ciclistas hasta motociclistas y vehículos comerciales, comprender las características, derechos y responsabilidades de cada usuario de la vía es esencial. Discutiremos cómo anticipar sus acciones, respetar su espacio y adaptar tu comportamiento al conducir para garantizar la seguridad y el bienestar de todos en la vía.

Técnicas de Conducción Defensiva

La conducción defensiva es un enfoque proactivo que se centra en anticipar y mitigar posibles peligros en la vía. En esta sección, profundizaremos en los principios de la conducción defensiva y exploraremos técnicas como mantener una distancia segura, escanear la vía por delante y estar preparado para situaciones inesperadas. Al adoptar técnicas de conducción defensiva, podrás reaccionar mejor ante condiciones peligrosas y evitar colisiones, promoviendo un entorno de conducción más seguro para todos los usuarios de la vía.

Interacción con Usuarios de la Vía Vulnerables

Los usuarios de la vía vulnerables, como peatones y ciclistas, requieren atención y consideración especiales por parte de los conductores. Esta sección cubrirá la importancia de estar alerta y ser cauteloso al compartir la vía con estos usuarios vulnerables. Discutiremos la importancia de ceder el paso a los peatones en los cruces de peatones, proporcionar suficiente espacio a los ciclistas y estar atentos a su presencia en varios escenarios de la vía. Comprender las necesidades y vulnerabilidades únicas de estos usuarios de la vía ayudará a fomentar una cultura de respeto y seguridad en las carreteras de California.

Navegación en Intersecciones

Las intersecciones son áreas donde diferentes vías se cruzan y a menudo presentan desafíos y riesgos adicionales para los conductores. En esta sección, discutiremos las reglas y técnicas para navegar de manera segura por las intersecciones. Se cubrirán temas como el derecho de paso, las señales de tráfico, las señales de alto y las maniobras de giro en detalle. Comprender los procedimientos adecuados y ejercer precaución en las intersecciones reducirá la probabilidad de colisiones y garantizará un flujo de tráfico fluido.

Compartir la Vía con Vehículos Comerciales

Los vehículos comerciales, como camiones grandes y autobuses, requieren una consideración especial debido a su tamaño y características de manejo. Esta sección se centrará en compartir la vía de manera segura con vehículos comerciales. Discutiremos temas como los puntos ciegos, las técnicas seguras de adelantamiento y cómo evitar errores comunes al interactuar con estos vehículos. Al comprender sus limitaciones y adoptar comportamientos de conducción apropiados, podrás minimizar los riesgos asociados con compartir la vía con vehículos comerciales.

Zonas de Trabajo y Áreas de Construcción

Las zonas de trabajo y las áreas de construcción son comunes en las carreteras de California y requieren precaución y atención adicional por parte de los conductores. En esta sección, discutiremos la importancia de seguir las señales de las zonas de trabajo, reducir la velocidad y estar atentos a las condiciones cambiantes de la vía. También destacaremos la importancia de respetar la seguridad de los trabajadores de la construcción y ser paciente al navegar por estas áreas. Comprender cómo navegar por las zonas de trabajo de manera segura contribuirá a la seguridad y eficiencia generales del proceso de obras viales.

Etiqueta en la Vía y Conducción Cortés

Promover una cultura de conducción cortés y etiqueta vial es vital para un ambiente de conducción armonioso. Esta sección enfatizará la importancia de ser considerado, paciente y respetuoso con otros conductores. Discutiremos temas como la fusión, el ceder el paso y comunicarnos eficazmente con otros usuarios de la vía. Al practicar una buena etiqueta vial, podrás contribuir a un ambiente de conducción positivo y seguro en California.

Conclusión

En conclusión, este capítulo te ha proporcionado conocimientos y estrategias esenciales para compartir la vía de manera responsable y segura en California. Al comprender los derechos, responsabilidades y comportamientos de diferentes usuarios de la vía, adoptar técnicas de conducción defensiva y practicar una conducción cortés, podrás contribuir a un ambiente de conducción más seguro y armonioso. Recuerda aplicar estos principios en tus hábitos de conducción diarios y ser un ejemplo para los demás en la vía. ¡Viaja con seguridad y disfruta tus trayectos en las carreteras de California!

Con fines de entrenamiento, puedes marcar el símbolo ▢ junto a lo que creas que es la respuesta correcta. Una vez que hayas seleccionado la respuesta correcta, usa un lápiz o bolígrafo para marcar el símbolo ▢ junto a esa respuesta.

Examen de compartir la vía

1. ¿Qué deben hacer los conductores al acercarse a una intersección controlada por un semáforo?

A. ☐ Detenerse y ceder el paso a los vehículos que tienen luz verde.

B. ☐ Acelerar para cruzar antes de que cambie la luz roja.

C. ☐ Ignorar la señal y continuar conduciendo.

D. ☐ Mirar hacia otro lado para evitar distracciones.

2. Verdadero o falso: Los peatones siempre tienen la prioridad de paso en un cruce de peatones.

A. ☐ Verdadero

B. ☐ Falso

3. ¿Cuál es la distancia mínima que los conductores deben mantener entre su vehículo y una bicicleta al adelantarla?

A. ☐ 1 pie

B. ☐ 3 pies

C. ☐ 5 pies

D. ☐ No hay una distancia mínima requerida

4. ¿Qué significa una señal de tráfico amarilla en forma de diamante?

A. ☐ Advertencia de zona escolar

B. ☐ Límite de velocidad máximo

C. ☐ Zona de peatones

D. ☐ Fin de la zona de adelantamiento

5. Verdadero o falso: Es legal conducir en el carril de emergencia en caso de tráfico intenso.

A. ▢ Verdadero

B. ▢ Falso

6. ¿Cuál es la velocidad máxima permitida en una zona residencial en California, a menos que se indique lo contrario?

A. ▢ 35 mph

B. ▢ 45 mph

C. ▢ 55 mph

D. ▢ 65 mph

7. ¿Cuál es el propósito principal de los espejos retrovisores en un vehículo?

A. ▢ Verificar el maquillaje del conductor

B. ▢ Verificar el estado del cabello del conductor

C. ▢ Proporcionar una visión ampliada del área detrás del vehículo

D. ▢ Añadir un elemento estético al interior del vehículo

8. Verdadero o falso: Los conductores deben ceder el paso a los peatones que cruzan una calle en una intersección no controlada.

A. ▢ Verdadero

B. ▢ Falso

9. ¿Cuál de las siguientes acciones es segura y legal al girar a la derecha en una intersección con semáforo en rojo?

A. ▢ Detenerse completamente y esperar a que el semáforo cambie a verde

B. ▢ Pasar lentamente por la intersección sin detenerse

C. ▢ Realizar el giro sin considerar a los peatones o ciclistas

D. ▢ Utilizar la bocina para alertar a los demás conductores y peatones

10. ¿Cuál de los siguientes vehículos tiene el derecho de paso en una intersección de cuatro vías sin señales de tráfico o semáforos?

A. ▢ Vehículo más grande

B. ▢ Vehículo más rápido

C. ▢ Vehículo que llegó primero

D. ▢ Vehículo que toca la bocina más fuerte

11. Verdadero o falso: Los ciclistas tienen elderecho de utilizar un carril completo en la vía.

A. ▢ Verdadero

B. ▢ Falso

12. ¿Cuál de las siguientes acciones es considerada una distracción al conducir?

A. ▢ Hablar por teléfono celular con un dispositivo manos libres

B. ▢ Escuchar música a un volumen moderado

C. ▢ Hablar con los pasajeros en el vehículo

D. ▢ Mantener una conversación con otro conductor en un vehículo adyacente

13. Verdadero o falso: Los conductores siempre deben mantener una distancia segura entre su vehículo y el vehículo que va delante de ellos.

A. ▢ Verdadero

B. ▢ Falso

14. ¿Cuál de las siguientes señales indica una zona de trabajo en la carretera?

A. ▢ Señal de ceda el paso

B. ▢ Señal de alto

C. ▢ Señal de tráfico amarilla en forma de diamante con personas trabajando

D. ▢ Señal de tráfico verde con la palabra "Trabajo" escrita en ella

15. ¿Cuál es la velocidad máxima permitida en una autopista en California, a menos que se indique lo contrario?

A. ▢ 55 mph

B. ▢ 65 mph

C. ▢ 70 mph

D. ▢ 75 mph

Respuestas correctas para el examen de compartir la vía

1. A. Detenerse y ceder el paso a los vehículos que tienen luz verde.

2. A. Verdadero

3. B. 3 pies

4. A. Advertencia de zona escolar

5. B. Falso

6. A. 35 mph

7. C. Proporcionar una visión ampliada del área detrás del vehículo

8. A. Verdadero

9. A. Detenerse completamente y esperar a que el semáforo cambie a verde

10. C. Vehículo que llegó primero

11. A. Verdadero

12. A. Hablar por teléfono celular con un dispositivo manos libre

13. A. Verdadero

14. C. Señal de tráfico amarilla en forma de diamante con personas trabajando

15. C. 70 mph

Examen de compartir la vía 2

1. ¿Cuál de las siguientes opciones es un ejemplo de comportamiento seguro al compartir la vía con ciclistas?

A. ▢ Mantener una distancia segura al adelantar a un ciclista

B. ▢ Tocar la bocina para alertar a los ciclistas de su presencia

C. ▢ Conducir cerca de los ciclistas para protegerlos

D. ▢ Ignorar a los ciclistas y seguir adelante

2. Verdadero o falso: Los peatones siempre tienen derecho de paso en un cruce de peatones marcado.

A. ▢ Verdadero

B. ▢ Falso

3. ¿Cuál es la velocidad máxima permitida en una zona escolar cuando los niños están presentes?

A. ▢ 15 mph

B. ▢ 25 mph

C. ▢ 35 mph

D. ▢ 45 mph

4. ¿Cuál es la señal de tráfico que indica una zona de construcción en la vía?

A. ▢ Señal de tráfico verde con un hombre caminando

B. ▢ Señal de tráfico roja en forma de octágono con una flecha hacia abajo

C. ▢ Señal de tráfico naranja en forma de diamante con un hombre trabajando

D. ▢ Señal de tráfico azul en forma de círculo con una "H" en el centro

5. Verdadero o falso: Es seguro y legal conducir mientras se usa auriculares que cubren ambos oídos.

A. ▢ Verdadero

B. ▢ Falso

6. ¿Cuál es la velocidad máxima permitida en una zona residencial en California, a menos que se indique lo contrario?

A. ▢ 25 mph

B. ▢ 35 mph

C. ▢ 45 mph

D. ▢ 55 mph

7. ¿Cuál es el propósito de los espejos laterales en un vehículo?

A. ▢ Proporcionar una visión ampliada del área detrás del vehículo

B. ▢ Verificar el maquillaje mientras se conduce

C. ▢ Controlar el tráfico en las intersecciones

D. ▢ Mejorar la apariencia del vehículo

8. Verdadero o falso: Es legal y seguro conducir mientras se envían mensajes de texto en un teléfono celular.

A. ▢ Verdadero

B. ▢ Falso

9. ¿Cuál es la acción correcta al acercarse a un semáforo que muestra una luz amarilla intermitente?

A. ▢ Detenerse completamente y esperar a que el semáforo cambie a verde

B. ▢ Acelerar y cruzar la intersección rápidamente

C. ▢ Continuar conduciendo a la misma velocidad sin detenerse

D. ▢ Detenerse solo si hay vehículos en la intersección

10. En una intersección de cuatro vías sin señales de tráfico, ¿quién tiene derecho de paso?

A. ▢ Vehículo que llegó primero

B. ▢ Vehículo que llegó por la derecha

C. ▢ Vehículo que llegó por la izquierda

D. ▢ Vehículo más grande

11. Verdadero o falso: Está permitido estacionarse en una intersección.

A. ▢ Verdadero

B. ▢ Falso

12. ¿Qué actividad mientras se conduce es ilegal en California?

A. ▢ Hablar por teléfono celular con un dispositivo manos libres

B. ▢ Usar las redes sociales en el teléfono celular

C. ▢ Comer y beber

D. ▢ Escuchar música alta en el estéreo del automóvil

13. Verdadero o falso: Los conductores de vehículos de emergencia tienen derecho de paso sobre otros vehículos en todas las situaciones.

A. ☐ Verdadero

B. ☐ Falso

14. ¿Cuál es la señal de tráfico que indica una intersección próxima?

A. ☐ Señal de tráfico amarilla en forma de diamante con flechas en direcciones opuestas

B. ☐ Señal de tráfico verde en forma de círculo con una flecha hacia arriba

C. ☐ Señal de tráfico azul en forma de rectángulo con una flecha curva

D. ☐ Señal de tráfico roja en forma de octágono con una "STOP" en el centro

15. ¿Cuál es la velocidad máxima permitida en una autopista en California, a menos que se indique lo contrario?

A. ☐ 55 mph

B. ☐ 65 mph

C. ☐ 70 mph

D. ☐ 75 mph

Respuestas correctas para el examen de compartir la vía 2

1. **A.** Mantener una distancia segura al adelantar a un ciclista

2. **A.** Verdadero

3. **A.** 15 mph

4. **C.** Señal de tráfico naranja en forma de diamante con un hombre trabajando

5. **B.** Falso

6. **A.** 25 mph

7. **A.** Proporcionar una visión ampliada del área detrás del vehículo

8. **B.** Falso

9. **C**. Continuar conduciendo a la misma velocidad sin detenerse

10. **A**. Vehículo que llegó primero

11. **B.** Falso

12. **B.** Usar las redes sociales en el teléfono celular

13. **A.** Verdadero

14. **A**. Señal de tráfico amarilla en forma de diamante con flechas en direcciones opuestas

15. **C.** 70 mph

Examen de compartir la vía 3

1. ¿Cuál es la velocidad máxima en zonas residenciales en California?

   A. ▢ 25 mph
   B. ▢ 35 mph
   C. ▢ 45 mph
   D. ▢ 55 mph

2. Verdadero o falso: Los peatones siempre tienen la prioridad en las intersecciones marcadas con un cruce de peatones.

   A. ▢ Verdadero
   B. ▢ Falso

3. ¿Cuál de las siguientes señales indica que se debe ceder el paso?

   A. ▢ Señal de tráfico triangular roja
   B. ▢ Señal de tráfico amarilla con una flecha hacia abajo
   C. ▢ Señal de tráfico circular verde

4. ¿Cuál es la distancia mínima que debes mantener al seguir a una bicicleta en California?

   A. ▢ 3 pies
   B. ▢ 5 pies
   C. ▢ 10 pies
   D. ▢ 15 pies

5. Verdadero o falso: Está permitido usar el teléfono celular mientras conduces si utilizas un dispositivo de manos libres.

A. ☐ Verdadero

B. ☐ Falso

6. ¿Cuál de los siguientes vehículos debe ceder el paso en una intersección no regulada?

A. ☐ El vehículo que llegó primero

B. ☐ El vehículo más grande

C. ☐ El vehículo que se mueve más rápido

7. ¿Cuál es la velocidad máxima en las autopistas rurales en California?

A. ☐ 55 mph

B. ☐ 65 mph

C. ☐ 75 mph

D. ☐ 85 mph

8. Verdadero o falso: Debes usar las luces intermitentes cuando te acerques a un cruce de peatones.

A. ☐ Verdadero

B. ☐ Falso

9. ¿Cuál de los siguientes vehículos tiene derecho de paso en una intersección no regulada?

A. ☐ El vehículo de emergencia con las luces y sirenas encendidas

B. ☐ El vehículo que está girando a la izquierda

C. ▢ El vehículo que se aproxima desde la derecha

10. ¿Cuál es el límite de velocidad en las zonas escolares en California cuando se muestra la señal de límite de velocidad escolar?

A. ▢ 15 mph

B. ▢ 25 mph

C. ▢ 35 mph

D. ▢ 45 mph

11. Verdadero o falso: Debes ceder el paso a los ciclistas que se aproximan en una bicicleta eléctrica.

A. ▢ Verdadero

B. ▢ Falso

12. ¿Cuál de las siguientes señales indica un cruce de peatones?

A. ▢ Señal de tráfico amarilla con un peatón cruzando

B. ▢ Señal de tráfico roja con una mano levantada

C. ▢ Señal de tráfico azul con una bicicleta

13. ¿Cuál es la velocidad máxima en las autopistas urbanas en California?

A. ▢ 55 mph

B. ▢ 65 mph

C. ▢ 75 mph

D. ▢ 85 mph

14. Verdadero o falso: Está permitido detenerse en un cruce de peatones marcado para dejar pasar a otros vehículos.

   A. ▢ Verdadero

   B. ▢ Falso

15. ¿Cuál de los siguientes vehículos tiene la prioridad de paso en una intersección regulada por un semáforo?

   A. ▢ El vehículo que se aproxima desde la derecha

   B. ▢ El vehículo que se aproxima desde la izquierda

   C. ▢ El vehículo que tiene luz verde

Respuestas correctas para el examen de compartir la vía 3

1. **A.** 25 mph
2. **A.** Verdadero
3. **A.** Señal de tráfico triangular roja
4. **A.** 3 pies
5. **B.** Falso
6. **A.** El vehículo que llegó primero
7. **C.** 75 mph
8. **B.** Falso
9. **C.** El vehículo que se aproxima desde la derecha
10. **A.** 15 mph
11. **A.** Verdadero
12. **A.** Señal de tráfico amarilla con un peatón cruzando
13. **B.** 65 mph
14. **B**. Falso
15. **C.** El vehículo que tiene luz verde

Examen de compartir la vía 4

1. ¿Cuál es la velocidad máxima permitida en zonas residenciales?

A. ▢ 25 mph

B. ▢ 35 mph

C. ▢ 45 mph

2. Verdadero o falso: Los peatones siempre tienen el derecho de paso en los cruces de peatones.

A. ▢ Verdadero

B. ▢ Falso

3. ¿Qué tipo de señal de tráfico indica que debes ceder el paso a otros vehículos o peatones?

A. ▢ Señal de tráfico triangular roja

B. ▢ Señal de tráfico rectangular azul

C. ▢ Señal de tráfico circular amarilla

4. ¿Cuál es la distancia mínima que debes mantener entre tu vehículo y un ciclista al pasarlos?

A. ▢ 3 pies

B. ☐ 5 pies

C. ☐ 10 pies

5. Verdadero o falso: Siempre debes ceder el paso a los vehículos de emergencia que están usando sus luces y sirenas.

A. ☐ Verdadero

B. ☐ Falso

6. ¿Qué vehículo tiene el derecho de paso en una intersección de cuatro vías no controlada?

A. ☐ El vehículo que llegó primero

B. ☐ El vehículo más grande

C. ☐ El vehículo que se aproxima desde la izquierda

7. ¿Cuál es la velocidad máxima permitida en autopistas rurales?

A. ☐ 65 mph

B. ☐ 70 mph

C. ☐ 75 mph

8. Verdadero o falso: Los conductores pueden usar sus teléfonos móviles mientras conducen siempre y cuando usen auriculares.

A. ▢ Verdadero

B. ▢ Falso

9. ¿A quién debes ceder el paso en una intersección no controlada?

A. ▢ El vehículo que se aproxima desde la izquierda

B. ▢ El vehículo que se aproxima desde la derecha

C. ▢ El vehículo que llegó primero

10. ¿Cuál es la velocidad máxima permitida en zonas escolares durante las horas escolares?

A. ▢ 15 mph

B. ▢ 20 mph

C. ▢ 25 mph

11. Verdadero o falso: Debes usar las luces delanteras de tu vehículo durante la noche.

A. ▢ Verdadero

B. ▢ Falso

12. ¿Qué indica una señal de tráfico amarilla con un peatón cruzando?

A. ▢ Advertencia de un cruce de peatones

B. ▢ Restricción de velocidad máxima

C. ▢ Prohibición de estacionamiento

13. ¿Cuál es la velocidad máxima permitida en carreteras urbanas?

A. ▢ 45 mph

B. ▢ 55 mph

C. ▢ 65 mph

14. Verdadero o falso: Puedes estacionar tu vehículo en una intersección.

A. ▢ Verdadero

B. ▢ Falso

15. ¿Quién tiene el derecho de paso en un cruce peatonal marcado?

A. ▢ El peatón que cruzaba primero

B. ▢ El conductor que llegó primero

C. ▢ El vehículo que tiene luz verde

Respuestas correctas para el examen de compartir la vía 4

1. A. 25 mph

2. A. Verdadero

3. A. Señal de tráfico triangular roja

4. A. 3 pies

5. A. Verdadero

6. A. El vehículo que llegó primero

7. C. 75 mph

8. B. Falso

9. C. El vehículo que llegó primero

10. A. 15 mph

11. A. Verdadero

12. A. Advertencia de un cruce de peatones

13. B. 55 mph

14. B. Falso

15. C. El vehículo que tiene luz verde

Examen de compartir la vía 5

1. ¿Cuál es la velocidad máxima permitida en zonas residenciales en California?

A. ▢ 25 mph

B. ▢ 45 mph

C. ▢ 55 mph

D. ▢ 65 mph

2. Verdadero o falso: Siempre debes ceder el paso a los peatones que cruzan la calle en una intersección sin semáforos ni señales de alto.

A. ▢ Verdadero

B. ▢ Falso

3. ¿Qué forma tienen las señales de tráfico que indican advertencia de peligro?

A. ▢ Triangular

B. ▢ Circular

C. ▢ Rectangular

D. ▢ Octagonal

4. ¿Cuál es la distancia mínima que debes mantener al adelantar a un ciclista en California?

A. ▢ 3 pies

B. ▢ 5 pies

C. ▢ 10 pies

D. ▢ 15 pies

5. Verdadero o falso: Debes utilizar las luces delanteras de tu vehículo durante el día en todas las condiciones de conducción.

   A. ▢ Verdadero

   B. ▢ Falso

6. ¿Quién tiene el derecho de paso en una intersección no regulada?

   A. ▢ El vehículo que llegó primero

   B. ▢ El vehículo más grande

   C. ▢ El vehículo más rápido

   D. ▢ El vehículo más nuevo

7. ¿Cuál es la velocidad máxima permitida en las autopistas de California, a menos que se indique lo contrario?

   A. ▢ 55 mph

   B. ▢ 65 mph

   C. ▢ 75 mph

   D. ▢ 85 mph

8. Verdadero o falso: Puedes usar tu teléfono celular mientras conduces si tienes más de 18 años.

   A. ▢ Verdadero

   B. ▢ Falso

9. ¿Quién tiene el derecho de paso en una intersección regulada por semáforos?

A. ☐ El vehículo más rápido

B. ☐ El vehículo más lento

C. ☐ El vehículo que llegó primero

D. ☐ El vehículo más grande

10. ¿Cuál es la velocidad máxima permitida en zonas escolares en California?

A. ☐ 15 mph

B. ☐ 25 mph

C. ☐ 35 mph

D. ☐ 45 mph

11. Verdadero o falso: Debes utilizar las luces direccionales al cambiar de carril o al girar en una intersección.

A. ☐ Verdadero

B. ☐ Falso

12. ¿Qué indican las marcas viales de color blanco en la carretera?

A. ☐ Líneas de separación de carriles en la misma dirección

B. ☐ Líneas de separación de carriles en direcciones opuestas

C. ☐ Advertencia de un cruce de peatones

D. ☐ Área de estacionamiento

13. ¿Cuál es la velocidad máxima permitida en carreteras rurales de dos carriles en California, a menos que se indique lo contrario?

A. ☐ 45 mph

B. ▢ 55 mph

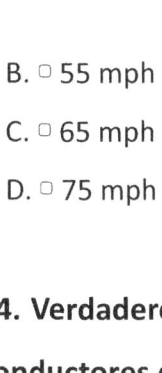

C. ▢ 65 mph

D. ▢ 75 mph

14. Verdadero o falso: Los ciclistas tienen los mismos derechos y responsabilidades que los conductores de vehículos motorizados.

A. ▢ Verdadero

B. ▢ Falso

15. ¿Quién tiene el derecho de paso en una intersección regulada por un semáforo cuando todos los vehículos llegan al mismo tiempo?

A. ▢ El vehículo que tiene luz verde

B. ▢ El vehículo que tiene luz amarilla

C. ▢ El vehículo que tiene luz roja

D. ▢ El vehículo más grande

Respuestas correctas para el examen de compartir la vía 5

1. **A.** 25 mph
2. **A.** Verdadero
3. **A.** Triangular
4. **A.** 3 pies
5. **B.** Falso
6. **A.** El vehículo que llegó primero
7. **B.** 65 mph
8. **B.** Falso
9. **C.** El vehículo que llegó primero
10. **A.** 15 mph
11. **A.** Verdadero
12. **A.** Líneas de separación de carriles en la misma dirección
13. **B.** 55 mph
14. **A.** Verdadero
15. **A.** El vehículo que tiene luz verde

Transporte de materiales peligrosos

Transporte de materiales peligrosos es un tema de gran importancia en el ámbito de la seguridad vial. En California, es fundamental que los conductores estén familiarizados con las regulaciones y precauciones necesarias para el transporte seguro de materiales peligrosos. En este capítulo, exploramos el tema del transporte de materiales peligrosos en el contexto del examen del DMV de California. Discutiremos los conceptos clave relacionados con el transporte de materiales peligrosos, los requisitos legales, las precauciones necesarias y las responsabilidades de los conductores al manejar estos materiales.

Conceptos clave en el transporte de materiales peligrosos

Para comprender adecuadamente el transporte de materiales peligrosos, es importante conocer algunos conceptos clave. Estos incluyen la definición de materiales peligrosos, las clases de materiales peligrosos y los símbolos de peligro utilizados para su identificación. Los materiales peligrosos se clasifican en nueve clases, que abarcan una amplia gama de sustancias peligrosas, como explosivos, gases inflamables, líquidos inflamables, sustancias tóxicas, materiales corrosivos, materiales radioactivos, materiales oxidantes y materiales peligrosos para el medio ambiente.

Requisitos legales para el transporte de materiales peligrosos

El transporte de materiales peligrosos está sujeto a regulaciones y requisitos específicos para garantizar la seguridad de los conductores, la carga y el público en general. Estos requisitos incluyen el etiquetado adecuado de los contenedores, la identificación de los materiales peligrosos, la capacitación especializada de los conductores y el cumplimiento de las normas de seguridad en la manipulación y el transporte de estos materiales. Los conductores también deben cumplir con los requisitos de documentación, como el permiso de transporte y el conocimiento de embarque.

Precauciones al transportar materiales peligrosos

El transporte de materiales peligrosos requiere precauciones adicionales para evitar riesgos y prevenir accidentes. Algunas de las precauciones comunes incluyen el uso de equipos de protección personal, el manejo adecuado de fugas o derrames, la verificación de la compatibilidad entre los materiales y los contenedores, y la adopción de rutas seguras que minimicen el riesgo de exposición a áreas pobladas o sensibles. Los conductores también deben estar atentos a las señales y avisos en las carreteras relacionados con el transporte de materiales peligrosos.

Responsabilidades del conductor en el transporte de materiales peligrosos

Los conductores que transportan materiales peligrosos tienen la responsabilidad de garantizar la seguridad durante todo el proceso. Esto incluye la inspección y el mantenimiento regular del vehículo, la conducción segura y defensiva, y la notificación oportuna de cualquier emergencia o incidente relacionado con los materiales peligrosos. Además, los conductores deben estar preparados para tomar medidas adecuadas en caso de un derrame, fuga o cualquier otra situación de emergencia durante el transporte de materiales peligrosos.

Sanciones por incumplimiento de las regulaciones

El incumplimiento de las regulaciones y requisitos relacionados con el transporte de materiales peligrosos puede tener consecuencias graves. Las sanciones por violaciones incluyen multas significativas, suspensión o revocación de licencias de conducir y posibles acciones legales en caso de daños personales o materiales. Es fundamental que los conductores estén plenamente informados sobre las regulaciones y cumplan con todas las disposiciones para evitar sanciones y garantizar la seguridad en el transporte de materiales peligrosos.

Conclusion

El transporte de materiales peligrosos es un aspecto crítico en la seguridad vial de California. Los conductores deben comprender los conceptos clave, cumplir con los requisitos legales, tomar precauciones adicionales y asumir sus responsabilidades al transportar materiales peligrosos. La capacitación adecuada y el cumplimiento de las regulaciones son fundamentales para prevenir accidentes, proteger la salud pública y mantener la seguridad en nuestras carreteras.

Con fines de entrenamiento, puedes marcar el símbolo ▢ junto a lo que creas que es la respuesta correcta. Una vez que hayas seleccionado la respuesta correcta, usa un lápiz o bolígrafo para marcar el símbolo ▢ junto a esa respuesta.

Examen de transporte de materiales peligrosos

1. ¿Cuál es la definición de materiales peligrosos?

   A. ▢ Sustancias seguras para transportar

   B. ▢ Sustancias que representan un riesgo para la salud o seguridad

   C. ▢ Materiales reciclables

   D. ▢ Materiales utilizados en la construcción de carreteras

2. ¿Cuántas clases de materiales peligrosos existen?

   A. ▢ 5

   B. ▢ 7

   C. ▢ 9

   D. ▢ 12

3. ¿Qué tipo de materiales peligrosos son inflamables?

   A. ▢ Clase 1

   B. ▢ Clase 3

   C. ▢ Clase 5

   D. ▢ Clase 8

4. ¿Cuál de las siguientes afirmaciones es verdadera sobre el transporte de materiales peligrosos?

A. ▢ Los materiales peligrosos pueden transportarse en cualquier tipo de vehículo.

B. ▢ No es necesario etiquetar los envíos de materiales peligrosos.

C. ▢ Los conductores no necesitan recibir capacitación especial para transportar materiales peligrosos.

D. ▢ Es obligatorio seguir las regulaciones específicas para el transporte de materiales peligrosos

5. ¿Qué requisito se necesita para transportar materiales peligrosos?

A. ▢ Permiso de conducción básico

B. ▢ Permiso de carga especial

6. ¿Cuál es la forma correcta de cargar y descargar materiales peligrosos?

A. ▢ Usar equipo de protección personal

B. ▢ Manipular los materiales sin protección

C. ▢ Utilizar cualquier equipo disponible

D. ▢ Dejar los materiales en el suelo

7. ¿Cuál es la documentación requerida para el transporte de materiales peligrosos?

A. ▢ Licencia de conducir

B. ▢ Factura de compra

C. ▢ Tarjeta de seguro de vehículo

D. ▢ Documento de transporte de materiales peligrosos

8. ¿Cuál es la velocidad máxima permitida para vehículos que transportan materiales peligrosos?

A. ▫ 50 km/h

B. ▫ 60 km/h

C. ▫ 70 km/h

D. ▫ 80 km/h

9. ¿Qué se debe hacer en caso de un derrame de materiales peligrosos en la carretera?

A. ▫ Llamar a un amigo para obtener ayuda

B. ▫ Intentar limpiar el derrame por cuenta propia

C. ▫ Notificar a las autoridades pertinentes

D. ▫ Continuar conduciendo sin detenerse

10. ¿Cuál es la distancia mínima que se debe mantener al transportar materiales peligrosos cerca de un vehículo con tanques de combustible?

A. ▫ 10 metros

B. ▫ 20 metros

C. ▫ 30 metros

D. ▫ 40 metros

11. ¿Qué tipo de señalización se debe utilizar en un vehículo que transporta materiales peligrosos?

A. ▫ Luces intermitentes de colores brillantes

B. ▫ Bandas reflectantes blancas

C. ▫ Calcomanías de equipos deportivos

D. ☐ Pegatinas de personajes de dibujos animados

12. ¿Cuál es la responsabilidad del conductor al transportar materiales peligrosos?

A. ☐ Solo seguir las instrucciones del pasajero

B. ☐ Asegurarse de que los materiales estén bien empaquetados

C. ☐ No es responsabilidad del conductor

D. ☐ Dejar los materiales en el vehículo y abandonarlo

13. ¿Qué tipo de vehículo se recomienda para el transporte de materiales peligrosos?

A. ☐ Vehículos de carga pequeños

B. ☐ Bicicletas

C. ☐ Vehículos de pasajeros ligeros

D. ☐ Vehículos diseñados para el transporte de materiales peligrosos

14. ¿Cuál es el propósito de las áreas de emergencia designadas en las carreteras?

A. ☐ Descansar y tomar fotografías

B. ☐ Estacionar vehículos de carga

C. ☐ Responder a emergencias y situaciones de peligro

D. ☐ Realizar reparaciones de vehículos

15. ¿Es obligatorio tener un extintor de incendios en un vehículo que transporta materiales peligrosos?

A. ☐ Verdadero

B. ☐ Falso

Respuestas correctas para el examen de transporte de materiales peligrosos

1. **B.** Sustancias que representan un riesgo para la salud o seguridad
2. **C.** 9
3. **A.** Clase 1
4. **D.** Es obligatorio seguir las regulaciones específicas para el transporte de materiales peligrosos.
5. **B.** Permiso de carga especial
6. **A.** Usar equipo de protección persona
7. **D.** Documento de transporte de materiales peligrosos
8. **C.** 70 km/h
9. **C.** Notificar a las autoridades pertinentes
10. **B.** 20 metros
11. **B.** Bandas reflectantes blancas
12. **B.** Asegurarse de que los materiales estén bien empaquetados
13. **D.** Vehículos diseñados para el transporte de materiales peligrosos
14. **C.** Responder a emergencias y situaciones de peligro
15. **A.** Verdadero

Examen de transporte de materiales peligrosos 2

1. ¿Cuál es la clasificación de materiales peligrosos más comúnmente utilizada para el transporte?

A. ▢ Clase 3
B. ▢ Clase 5
C. ▢ Clase 8
D. ▢ Clase 10

2. ¿Cuál es la función del número de identificación de las Naciones Unidas en los materiales peligrosos?

A. ▢ Identificar el origen del material.
B. ▢ Clasificar el material según su peligrosidad.
C. ▢ Indicar la cantidad de material transportado.
D. ▢ Identificar la compañía que transporta el material.

3. ¿Qué significa la sigla MSDS en el contexto del transporte de materiales peligrosos?

A. ▢ Sistema de Seguridad de Materiales Peligrosos.
B. ▢ Documento de Seguridad de Materiales Peligrosos.
C. ▢ Servicio de Seguridad de Materiales Peligrosos.
D. ▢ Manual de Seguridad de Materiales Peligrosos.

4. ¿Cuál es la documentación requerida para el transporte de materiales peligrosos?

A. ▢ Permiso de carga especial
B. ▢ Factura de compra

C. ▢ Licencia de conducir

D. ▢ Tarjeta de seguro de vehículo

5. ¿Cuál es la velocidad máxima permitida para vehículos que transportan materiales peligrosos?

A. ▢ 40 km/h

B. ▢ 60 km/h

C. ▢ 80 km/h

D. ▢ No hay límite de velocidad específico

6. ¿Qué tipo de señalización se debe utilizar en un vehículo que transporta materiales peligrosos?

A. ▢ Luces intermitentes de colores brillantes

B. ▢ Bandas reflectantes blancas

C. ▢ Calcomanías de equipos deportivos

D. ▢ Pegatinas de personajes de dibujos animados

7. ¿Cuál es la responsabilidad del conductor al transportar materiales peligrosos?

A. ▢ Solo seguir las instrucciones del pasajero

B. ▢ Asegurarse de que los materiales estén bien empaquetados

C. ▢ No es responsabilidad del conductor

D. ▢ Transportar los materiales sin verificar su etiquetado

8. ¿Cuál es el propósito de las áreas de emergencia designadas en las carreteras?

A. ▢ Descansar y tomar fotografías

B. ▢ Estacionar vehículos de carga

C. ▢ Responder a emergencias y situaciones de peligro

D. ▢ Realizar reparaciones de vehículos

9. ¿Cuál es el requisito de etiquetado para los vehículos que transportan materiales peligrosos?

A. ▢ Deben tener al menos una etiqueta de peligro visible

B. ▢ No es necesario etiquetar los vehículos

C. ▢ Se deben utilizar al menos dos etiquetas de peligro

D. ▢ Solo se requiere etiquetado si se transportan líquidos corrosivos

10. ¿Es obligatorio tener un extintor de incendios en un vehículo que transporta materiales peligrosos?

A. ▢ Verdadero

B. ▢ Falso

11. ¿Cuál es la distancia mínima que se debe mantener al transportar materiales peligrosos cerca de un vehículo con tanques de combustible?

A. ▢ 5 metros

B. ▢ 10 metros

C. ▢ 20 metros

D. ▢ 30 metros

12. ¿Cuál es la definición de materiales peligrosos?

A. ▢ Sustancias seguras para transportar

B. ☐ Sustancias que representan un riesgo para la salud o seguridad

C. ☐ Materiales reciclables

D. ☐ Materiales utilizados en la construcción de carreteras

13. ¿Cuántas clases de materiales peligrosos existen?

A. ☐ 5

B. ☐ 7

C. ☐ 9

D. ☐ 12

14. ¿Qué tipo de materiales peligrosos son inflamables?

A. ☐ Clase 1

B. ☐ Clase 3

C. ☐ Clase 5

D. ☐ Clase 8

15. ¿Qué requisito se necesita para transportar materiales peligrosos?

A. ☐ Permiso de conducción básico

B. ☐ Permiso de carga especial

C. ☐ Certificado de transporte de materiales peligrosos

D. ☐ Licencia de conducir comercial

Respuestas correctas para el examen de transporte de materiales peligrosos 2

1. A. Clase 3

2. C. Indicar la cantidad de material transportado.

3. B. Documento de Seguridad de Materiales Peligrosos.

4. A. Permiso de carga especial

5. C. 80 km/h

6. B. Bandas reflectantes blancas

7. B. Asegurarse de que los materiales estén bien empaquetados

8. C. Responder a emergencias y situaciones de peligro

9. A. Deben tener al menos una etiqueta de peligro visible

10. A. Verdadero

11. B. 10 metros

12. B. Sustancias que representan un riesgo para la salud o seguridad

13. C. 9

14. B. Clase 3

15. B. Permiso de carga especial

Examen de transporte de materiales peligrosos 3

1. ¿Cuál es la clasificación de los materiales peligrosos según las regulaciones del DMV de California?

A. ▢ Clase A

B. ▢ Clase B

C. ▢ Clase C

D. ▢ Clase D

2. ¿Qué tipo de materiales peligrosos son venenosos o tóxicos?

A. ▢ Clase 2

B. ▢ Clase 4

C. ▢ Clase 6

D. ▢ Clase 9

3. ¿Cuál es el propósito del sistema de placas de identificación de materiales peligrosos?

A. ▢ Identificar el nombre del producto

B. ▢ Indicar el peso del producto

C. ▢ Identificar el riesgo del producto

D. ▢ Indicar el punto de origen del producto

4. ¿Cuál es el requisito mínimo de edad para transportar materiales peligrosos en un vehículo comercial?

A. ☐ 18 años

B. ☐ 21 años

C. ☐ 25 años

D. ☐ 30 años

5. ¿Cuál es la función del equipo de protección personal al manejar materiales peligrosos?

A. ☐ Evitar multas y sanciones

B. ☐ Prevenir la contaminación del medio ambiente

C. ☐ Proteger a otras personas en caso de un accidente

D. ☐ Facilitar la carga y descarga de materiales

6. ¿Cuál es el procedimiento correcto para etiquetar un contenedor de materiales peligrosos?

A. ☐ Usar etiquetas coloridas para llamar la atención

B. ☐ Utilizar etiquetas autoadhesivas con mensajes divertidos

C. ☐ Aplicar etiquetas que indiquen el contenido y los peligros

D. ☐ No es necesario etiquetar los contenedores

7. ¿Cuál es la responsabilidad del conductor al transportar materiales peligrosos?

A. ☐ Solo asegurarse de que el vehículo esté en buen estado

B. ☐ Garantizar que los materiales estén correctamente empaquetados y asegurados

C. ☐ Ignorar los protocolos de seguridad si hay demoras en la entrega

D. ☐ Dejar los materiales sin supervisión en el vehículo

8. ¿Cuál es la distancia mínima que se debe mantener entre un vehículo que transporta materiales peligrosos y una fuente de ignición abierta?

A. ☐ 5 metros

B. ☐ 10 metros

C. ☐ 15 metros

D. ☐ 20 metros

9. ¿Cuál es el propósito de las señales de advertencia de materiales peligrosos en las carreteras?

A. ☐ Indicar la presencia de materiales valiosos

B. ☐ Alertar a los conductores sobre la presencia de materiales peligrosos

C. ☐ Señalar la ubicación de los servicios de emergencia

D. ☐ Informar sobre el estado del tráfico en la zona

10. ¿Cuál es el límite de velocidad máximo para vehículos que transportan materiales peligrosos en zonas urbanas?

A. ☐ 40 km/h

B. ☐ 50 km/h

C. ☐ 60 km/h

D. ☐ 70 km/h

11. ¿Cuál es el propósito de las placas de identificación de materiales peligrosos en los vehículos de carga?

A. ☐ Identificar la marca del vehículo

B. ☐ Indicar el número de pasajeros permitidos

C. ☐ Alertar a los conductores y equipos de emergencia sobre la presencia de materiales peligrosos

D. ☐ Proporcionar información sobre el historial de mantenimiento del vehículo

12. ¿Cuál es la acción correcta en caso de un derrame de materiales peligrosos durante la carga o descarga?

A. ☐ Llamar a la policía y esperar instrucciones

B. ☐ Continuar la operación de carga o descarga normalmente

C. ☐ Notificar de inmediato a las autoridades y seguir los procedimientos de respuesta a emergencias

D. ☐ Ignorar el derrame y continuar con el transporte

13. ¿Qué significa el término "material corrosivo" en el contexto del transporte de materiales peligrosos?

A. ◯ Sustancia que causa explosiones

B. ◯ Sustancia que produce humo tóxico

C. ◯ Sustancia que puede dañar materiales o tejidos vivos

D. ◯ Sustancia que es inflamable

14. ¿Qué requisito se necesita para transportar materiales peligrosos en un vehículo privado no comercial?

A. ◯ Licencia de conducir estándar

B. ◯ Permiso especial del DMV de California

C. ◯ Permiso de transporte de materiales peligrosos

D. ◯ Certificado de entrenamiento en seguridad de materiales peligrosos

15. ¿Cuál es el propósito de las barreras de contención en el transporte de materiales peligrosos?

A. ◯ Evitar el acceso de vehículos de carga

B. ◯ Proteger a los trabajadores de la construcción

C. ◯ Prevenir la fuga y dispersión de materiales peligrosos en caso de un accidente

D. ◯ Controlar el tráfico en áreas de construcción

Respuestas correctas para el examen de transporte de materiales peligrosos 3

1. **D.** Clase D
2. **C.** Clase 6
3. **C.** Identificar el riesgo del producto
4. **A.** 18 años
5. **C.** Proteger a otras personas en caso de un accidente
6. **C.** Aplicar etiquetas que indiquen el contenido y los peligros
7. **B.** Garantizar que los materiales estén correctamente empaquetados y asegurados
8. **B.** 10 metros
9. **B.** Alertar a los conductores sobre la presencia de materiales peligrosos
10. **C.** 60 km/h
11. **C.** Alertar a los conductores y equipos de emergencia sobre la presencia de materiales peligrosos.
12. **C.** Notificar de inmediato a las autoridades y seguir los procedimientos de respuesta a emergencias
13. **C.** Sustancia que puede dañar materiales o tejidos vivos
14. **A.** Licencia de conducir estándar
15. **C.** Prevenir la fuga y dispersión de materiales peligrosos en caso de un accidente

Examen de transporte de materiales peligrosos 4

1. ¿Cuál de los siguientes es un ejemplo de material peligroso inflamable?

A. ▢ Agua

B. ▢ Madera

C. ▢ Gasolina

D. ▢ Vidrio

2. ¿Cuál es la responsabilidad del conductor al transportar materiales peligrosos?

A. ▢ Solo seguir las instrucciones del pasajero

B. ▢ Asegurarse de que los materiales estén bien empaquetados

C. ▢ No es responsabilidad del conductor

D. ▢ Dejar los materiales en el vehículo y abandonarlo

3. ¿Cuál de las siguientes opciones es un requisito para el transporte de materiales peligrosos?

A. ▢ Obtener un permiso de carga especial

B. ▢ Tener una licencia de conducir válida

C. ▢ Contar con una tarjeta de seguro de vehículo

D. ▢ Presentar una factura de compra de los materiales

4. ¿Cuál es la documentación requerida para el transporte de materiales peligrosos?

A. ▢ Licencia de conducir

B. ▢ Factura de compra

C. ▢ Tarjeta de seguro de vehículo

D. ▢ Documento de transporte de materiales peligrosos

5. ¿Cuál es la velocidad máxima permitida para vehículos que transportan materiales peligrosos?

A. ▫ 50 km/h

B. ▫ 60 km/h

C. ▫ 70 km/h

D. ▫ 80 km/h

6. ¿Cuál es la distancia mínima que se debe mantener al transportar materiales peligrosos cerca de un vehículo con tanques de combustible?

A. ▫ 10 metros

B. ▫ 20 metros

C. ▫ 30 metros

D. ▫ 40 metros

7. ¿Qué se debe hacer en caso de un derrame de materiales peligrosos en la carretera?

A. ▫ Llamar a un amigo para obtener ayuda

B. ▫ Intentar limpiar el derrame por cuenta propia

C. ▫ Notificar a las autoridades pertinentes

D. ▫ Continuar conduciendo sin detenerse

8. ¿Qué tipo de señalización se debe utilizar en un vehículo que transporta materiales peligrosos?

A. ▫ Luces intermitentes de colores brillantes

B. ▫ Bandas reflectantes blancas

C. ▫ Calcomanías de equipos deportivos

D. ▢ Pegatinas de personajes de dibujos animados

9. ¿Cuál es el propósito de las áreas de emergencia designadas en las carreteras?

A. ▢ Descansar y tomar fotografías

B. ▢ Estacionar vehículos de carga

C. ▢ Responder a emergencias y situaciones de peligro

D. ▢ Realizar reparaciones de vehículos

10. ¿Es obligatorio tener un extintor de incendios en un vehículo que transporta materiales peligrosos?

A. ▢ Verdadero

B. ▢ Falso

11. ¿Cuál de los siguientes es un ejemplo de material peligroso radiactivo?

A. ▢ Papel

B. ▢ Ropa

C. ▢ Uranio

D. ▢ Plástico

12. ¿Cuál es el propósito de un "kit de derrame" al transportar materiales peligrosos?

A. ▢ Limpiar el interior del vehículo

B. ▢ Contener y controlar derrames de materiales peligrosos

C. ▢ Prevenir incendios en el motor

D. ▢ Evitar la contaminación del aire

13. ¿Cuál es la forma correcta de cargar y descargar materiales peligrosos?

A. ▢ Usar equipo de protección personal

B. ▢ Manipular los materiales sin protección

C. ▢ Utilizar cualquier equipo disponible

D. ▢ Dejar los materiales en el suelo

14. ¿Cuál es la clasificación de materiales peligrosos para sustancias que pueden causar enfermedades graves?

A. ▢ Clase 1

B. ▢ Clase 6

C. ▢ Clase 8

D. ▢ Clase 9

15. ¿Cuál es el tipo de contenedor recomendado para el transporte de materiales peligrosos líquidos?

A. ▢ Cajas de cartón

B. ▢ Bolsas de plástico

C. ▢ Botellas de vidrio

D. ▢ Tambores de acero

Respuestas correctas para el examen de transporte de materiales peligrosos 4

1. **C.** Gasolina
2. **B.** Asegurarse de que los materiales estén bien empaquetados
3. **A.** Obtener un permiso de carga especial.
4. **D.** Documento de transporte de materiales peligrosos
5. **C.** 70 km/h
6. **B.** 20 metros
7. **C.** Notificar a las autoridades pertinentes
8. **B.** Bandas reflectantes blancas
9. **C.** Responder a emergencias y situaciones de peligro
10. **A.** Verdadero
11. **C.** Uranio
12. **B.** Contener y controlar derrames de materiales peligrosos
13. **A.** Usar equipo de protección personal
14. **B.** Clase 6
15. **D.** Tambores de acero

Examen de transporte de materiales peligrosos 5

1. ¿Cuál es la definición de materiales peligrosos?

A. ▢ Sustancias seguras para transportar

B. ▢ Sustancias que representan un riesgo para la salud o seguridad

C. ▢ Materiales reciclables

D. ▢ Materiales utilizados en la construcción de carreteras

2. ¿Cuántas clases de materiales peligrosos existen?

A. ▢ 5

B. ▢ 7

C. ▢ 9

D. ▢ 12

3. ¿Qué tipo de materiales peligrosos son inflamables?

A. ▢ Clase 1

B. ▢ Clase 3

C. ▢ Clase 5

D. ▢ Clase 8

¿Cuál es el propósito principal de las placas de identificación de materiales peligrosos en un vehículo?

A. ▢ Identificar el peso total del vehículo.

B. ▢ Indicar la ubicación de los equipos de emergencia.

C. ▢ Alertar sobre el peligro del material transportado.

D. ▢ Mostrar el nombre del conductor del vehículo.

5. ¿Qué requisito se necesita para transportar materiales peligrosos?

A. ▢ Permiso de conducción básico

B. ▢ Permiso de carga especial

C. ▢ Licencia de manejo internacional

D. ▢ Certificado médico actualizado

6. ¿Cuál es la velocidad máxima permitida para vehículos que transportan materiales peligrosos?

A. ▢ 50 km/h

B. ▢ 60 km/h

C. ▢ 70 km/h

D. ▢ 80 km/h

7. ¿Cuál es la forma correcta de cargar y descargar materiales peligrosos?

A. ▢ Usar equipo de protección personal

B. ▢ Manipular los materiales sin protección

C. ▢ Utilizar cualquier equipo disponible

D. ▢ Dejar los materiales en el suelo

8. ¿Cuál es la distancia mínima que se debe mantener al transportar materiales peligrosos cerca de un vehículo con tanques de combustible?

A. ▢ 10 metros

B. ▢ 20 metros

C. ▢ 30 metros

D. ▢ 40 metros

9. ¿Cuál es la responsabilidad del conductor al transportar materiales peligrosos?

A. ▢ Solo seguir las instrucciones del pasajero

B. ▢ Asegurarse de que los materiales estén bien empaquetados

C. ▢ No es responsabilidad del conductor

D. ▢ Dejar los materiales en el vehículo y abandonarlo

10. ¿Qué tipo de vehículo se recomienda para el transporte de materiales peligrosos?

A. ▢ Vehículos de carga pequeños

B. ▢ Vehículos de carga medianos

C. ▢ Vehículos de carga grandes

D. ▢ No se recomienda ningún tipo de vehículo en particular

11. ¿Cuál es el número de emergencia que se debe utilizar en caso de un derrame de materiales peligrosos?

A. ▢ 911

B. ▢ 511

C. ▢ 611

D. ▢ 711

12. ¿Qué tipo de señalización se debe utilizar en un vehículo que transporta materiales peligrosos?

A. ▢ Luces intermitentes de colores brillantes

B. ▢ Bandas reflectantes blancas y rojas

C. ▢ Calcomanías de equipos deportivos

D. ▢ Pegatinas de personajes de dibujos animados

13. ¿Cuál es la documentación requerida para el transporte de materiales peligrosos?

A. ▢ Licencia de conducir

B. ▢ Factura de compra

C. ▢ Tarjeta de seguro de vehículo

D. ▢ Documento de transporte de materiales peligrosos

14. ¿Cuál es la función de un equipo de protección personal al transportar materiales peligrosos?

A. ◯ Mantener la carga asegurada

B. ◯ Evitar daños al vehículo

C. ◯ Proteger al conductor de sustancias peligrosas

D. ◯ Controlar la temperatura del material

15. ¿Cuál es la distancia mínima que se debe mantener al seguir a un vehículo que transporta materiales peligrosos?

A. ◯ 1 segundo

B. ◯ 2 segundos

C. ◯ 3 segundos

D. ◯ 4 segundos

Respuestas correctas para el examen de transporte de materiales peligrosos 5

1. **B.** Sustancias que representan un riesgo para la salud o seguridad.

2. **C.** 9.

3. **C.** Alertar sobre el peligro del material transportado.

4. **A.** Clase 1.

5. **B.** Permiso de carga especial.

6. **C.** 70 km/h.

7. **A.** Usar equipo de protección personal.

8. **B.** 20 metros.

9. **B.** Asegurarse de que los materiales estén bien empaquetados.

10. **C.** Vehículos de carga grandes.

11. **A.** 911.

12. **B.** Bandas reflectantes blancas y rojas.

13. **D.** Documento de transporte de materiales peligrosos.

14. **C.** Proteger al conductor de sustancias peligrosas.

15. **C.** 3 segundos.

Registro y seguro de vehículos

El registro de vehículos y el seguro son aspectos fundamentales en la conducción de automóviles en California. En este capítulo, exploraremos los conceptos clave relacionados con el registro de vehículos y el seguro en California, incluyendo los pasos para registrar un vehículo, los documentos necesarios, los requisitos de seguro y las consecuencias de no cumplir con estas regulaciones.

Registro de vehículos

El registro de vehículos es un requisito legal en California y se debe completar antes de operar un vehículo en las vías públicas. Para registrar un vehículo, es necesario seguir los siguientes pasos:

-Solicitud de registro: Debes completar una solicitud de registro de vehículo proporcionando información precisa y veraz sobre el vehículo y su propietario.

-**Proveedor de servicios de registro de vehículos:** Puedes visitar una oficina del DMV o utilizar los servicios de un proveedor de servicios de registro de vehículos autorizado por el DMV para presentar tu solicitud de registro y pagar las tarifas correspondientes.

-**Prueba de propiedad:** Debes proporcionar pruebas de propiedad del vehículo, como el título de propiedad o el contrato de arrendamiento.

-**Pago de impuestos y tarifas:** Debes pagar los impuestos y tarifas correspondientes al DMV al momento de registrar el vehículo.

-**Inspección del vehículo:** En algunos casos, es posible que se requiera una inspección del vehículo para verificar su estado y cumplimiento de los requisitos de seguridad.

Documentos necesarios para el registro de vehículos

Al registrar un vehículo en California, es importante contar con los documentos necesarios. Estos son algunos de los documentos requeridos:

- **Título de propiedad:** El título de propiedad es un documento legal que muestra la propiedad del vehículo. Debes presentar el título de propiedad al registrar tu vehículo.

- **Número de identificación del vehículo (VIN):** El VIN es un número único asignado a cada vehículo. Debes proporcionar el VIN al registrar tu vehículo.

- **Comprobante de seguro:** Debes presentar un comprobante de seguro válido al registrar tu vehículo. El seguro de responsabilidad civil es obligatorio en California.

- **Prueba de cumplimiento de emisiones:** Si tu vehículo es más antiguo y está sujeto a regulaciones de emisiones, es posible que debas proporcionar una prueba de cumplimiento de emisiones al registrar tu vehículo.

Requisitos de seguro

En California, es obligatorio tener un seguro de responsabilidad civil para operar un vehículo. El seguro de responsabilidad civil proporciona cobertura en caso de lesiones o daños a terceros en un accidente automovilístico. Los requisitos mínimos de seguro de responsabilidad civil en California son los siguientes:

- $15,000 para lesiones o muerte de una persona en un accidente.
- $30,000 para lesiones o muerte de más de una persona en un accidente.
- $5,000 para daños a la propiedad.

Consecuencias de no cumplir con las regulaciones

No cumplir con las regulaciones de registro de vehículos y seguro en California puede resultar en consecuencias legales y financieras. Algunas de las consecuencias pueden incluir multas, sanciones, suspensión de la licencia de conducir y dificultades para obtener un seguro en el futuro.
Es fundamental cumplir con todas las regulaciones de registro de vehículos y seguro para garantizar una conducción segura y legal en California.

Conclusión

El registro de vehículos y el seguro son aspectos esenciales en la conducción de automóviles en California. En este capítulo, hemos explorado los pasos para registrar un vehículo, los documentos necesarios, los requisitos de seguro y las consecuencias de no cumplir con estas regulaciones. Recuerda cumplir con todas las regulaciones para garantizar una conducción segura y legal en California. Siempre mantén tu vehículo registrado y asegurado adecuadamente.

Con fines de entrenamiento, puedes marcar el símbolo ▢ junto a lo que creas que es la respuesta correcta. Una vez que hayas seleccionado la respuesta correcta, usa un lápiz o bolígrafo para marcar el símbolo ▢ junto a esa respuesta.

So let's get started!

Examen de registro y seguro de vehículos

1. ¿Cuál es el propósito de las placas de identificación de materiales peligrosos?

A. ▢ Indicar la velocidad máxima permitida para el transporte de materiales peligrosos.

B. ▢ Señalar la dirección de entrega de los materiales peligrosos.

C. ▢ Identificar el tipo de riesgo y peligro asociado con los materiales transportados.

D. ▢ Mostrar el número de emergencia para reportar accidentes en el transporte de materiales.

2. Verdadero o Falso: Los materiales inflamables son aquellos que pueden arder con facilidad al entrar en contacto con una fuente de calor.

A. ▢ Verdadero

B. ▢ Falso

3. ¿Cuál es el propósito de las etiquetas de advertencia en los contenedores de materiales peligrosos?

A. ▢ Identificar el proveedor del material peligroso.

B. ▢ Indicar el número de unidades permitidas para el transporte.

C. ▢ Alertar sobre los riesgos específicos asociados con el material.

D. ▢ Establecer las medidas de seguridad requeridas durante el transporte.

4. ¿Cuál es el propósito de la hoja de datos de seguridad (HDS) en el transporte de materiales peligrosos?

A. ▢ Proporcionar información sobre el proveedor del material peligroso.

B. ▢ Establecer los límites de velocidad para el transporte de materiales peligrosos.

C. ▢ Detallar los riesgos y medidas de seguridad asociados con el material peligroso.

D. ▢ Determinar el número de unidades permitidas para el transporte de materiales peligrosos.

5. Verdadero o Falso: Los materiales corrosivos son aquellos que pueden dañar y destruir otros materiales con los que entran en contacto.

A. ▢ Verdadero

B. ▢ Falso

6. ¿Cuál de los siguientes materiales está clasificado como explosivo en el transporte de materiales peligrosos?

A. ▢ Líquido inflamable

B. ▢ Gas no inflamable

C. ▢ Sólido inflamable

D. ▢ Fuego de artificio

7. ¿Qué tipo de contenedor es más adecuado para el transporte de materiales líquidos inflamables?

A. ▢ Tambor metálico

B. ▢ Bolsa de plástico

C. ▢ Caja de cartón

D. ▢ Botella de vidrio

8. Verdadero o Falso: Los materiales radiactivos son aquellos que emiten radiación y pueden ser peligrosos para la salud y el medio ambiente.

A. ▢ Verdadero

B. ▢ Falso

9. ¿Qué tipo de extintor de incendios se recomienda para el transporte de materiales inflamables?

A. ▢ Extintor de agua

B. ▢ Extintor de polvo químico seco

C. ▢ Extintor de dióxido de carbono (CO2)

D. ▢ Extintor de espuma

10 . Verdadero o Falso: Es responsabilidad del conductor asegurarse de que los materiales peligrosos estén correctamente embalados y etiquetados antes de su transporte.

A. ▢ Verdadero

B. ▢ Falso

11. Verdadero o Falso: Los materiales oxidantes son aquellos que pueden favorecer o contribuir a la combustión de otros materiales.

A. ▢ Verdadero

B. ▢ Falso

12. ¿Cuál es el propósito de las barreras de contención en el transporte de materiales peligrosos?

A. ▢ Evitar el derrame o fuga de los materiales peligrosos.

B. ▢ Proporcionar un punto de acceso seguro para la carga y descarga de los materiales.

C. ▢ Reducir el tiempo de tránsito de los materiales peligrosos.

D. ▢ Señalar la presencia de materiales peligrosos en la carretera.

13. ¿Qué tipo de equipo de protección personal (EPP) se recomienda al manipular materiales corrosivos?

A. ▢ Guantes de látex

B. ▢ Gafas de seguridad

C. ▢ Respirador de partículas

D. ▢ Traje ignífugo

14. Verdadero o Falso: Los materiales venenosos son aquellos que pueden causar daño grave o la muerte si se ingieren, inhalan o entran en contacto con la piel.

A. ▢ Verdadero

B. ▢ Falso

15. ¿Cuál de las siguientes acciones se debe realizar al transportar materiales peligrosos en un vehículo?

A. ▢ Hacer una parada prolongada en áreas residenciales.

B. ▢ Sobrepasar los límites de velocidad establecidos.

C. ▢ Seguir las rutas y caminos designados para el transporte de materiales peligrosos.

D. ▢ Transportar materiales peligrosos junto con alimentos y medicamentos.

Respuestas correctas para el examen de registro y seguro de vehículos

1. C - Identificar el tipo de riesgo y peligro asociado con los materiales transportados.

2. Verdadero

3. C - Alertar sobre los riesgos específicos asociados con el material.

4. C - Detallar los riesgos y medidas de seguridad asociados con el material peligroso.

5. Verdadero

6. D - Fuego de artificio

7. A - Tambor metálico

8. Verdadero

9. B - Extintor de polvo químico seco

10. Verdadero

11. Verdadero

12. A - Evitar el derrame o fuga de los materiales peligrosos.

13. B - Gafas de seguridad

14. Verdadero

15. C - Seguir las rutas y caminos designados para el transporte de materiales peligrosos.

Examen de registro y seguro de vehículos 2

1. ¿Cuál es el propósito del registro de vehículos?

A. ▢ Identificar al propietario del vehículo.

B. ▢ Determinar el valor del vehículo.

C. ▢ Establecer la antigüedad del vehículo.

D. ▢ Controlar el consumo de combustible del vehículo.

2. ¿Qué tipo de cobertura de seguro de automóvil es requerida por la ley en California?

A. ▢ Cobertura de responsabilidad civil.

B. ▢ Cobertura total del vehículo.

C. ▢ Cobertura de robo y vandalismo.

D. ▢ Cobertura de daños a terceros.

3. ¿Cuándo debe renovarse el registro de un vehículo en California?

A. ▢ Cada 2 años.

B. ▢ Cada 3 años.

C. ▢ Cada 4 años.

D. ▢ Cada 5 años.

4. ¿Cuál de las siguientes acciones es ilegal en California sin un seguro de automóvil?

A. ▢ Comprar gasolina.

B. ▢ Estacionar en la calle.

C. ▢ Alquilar un vehículo.

D. ▢ Conducir un vehículo.

5. ¿Qué documento debes llevar contigo cuando conduces un vehículo registrado en California?

A. ▢ Licencia de conducir.

B. ▢ Tarjeta de crédito.

C. ▢ Pasaporte.

D. ▢ Acta de nacimiento.

6. ¿Cuál de los siguientes es un beneficio de tener un seguro de automóvil?

A. ▢ Obtener descuentos en restaurantes.

B. ▢ Recibir bonos de regalo.

C. ▢ Protección financiera en caso de accidente.

D. ▢ Acceso a eventos exclusivos.

7. ¿Qué tipo de seguro de automóvil cubre los daños causados por incendio o vandalismo?

A. ▢ Cobertura de responsabilidad civil.

B. ▢ Cobertura de colisión.

C. ▢ Cobertura integral.

D. ▢ Cobertura de automovilista sin seguro.

8. ¿Cuál de las siguientes acciones NO es necesaria para registrar un vehículo en California?

A. ▢ Presentar una prueba de seguro de automóvil.

B. ▢ Realizar una inspección del vehículo.

C. ▢ Pagar una tarifa de registro.

D. ▢ Obtener un permiso de estacionamiento.

9. Verdadero o Falso: Es posible registrar un vehículo en California sin tener un seguro de automóvil.

   A. ▢ Verdadero.
   B. ▢ Falso.

10. ¿Qué información se encuentra en la tarjeta de registro de vehículos?

   A. ▢ Información personal del propietario.
   B. ▢ Número de identificación del vehículo (VIN).
   C. ▢ Historial de mantenimiento del vehículo.
   D. ▢ Detalles de la póliza de seguro de automóvil.

11. ¿Cuál es la penalidad por conducir un vehículo no registrado en California?

   A. ▢ Multa de $50.
   B. ▢ Multa de $100.
   C. ▢ Multa de $200.
   D. ▢ Multa de $500.

12. ¿Cuál de los siguientes documentos necesitas para demostrar la propiedad de un vehículo al registrar en California?

   A. ▢ Recibo de compra del vehículo.
   B. ▢ Registro anterior del vehículo.
   C. ▢ Licencia de conducir vigente.
   D. ▢ Tarjeta de crédito.

13. ¿Cuál de las siguientes opciones describe mejor la cobertura de seguro de automóvil a todo riesgo?

A. ☐ Cobertura básica que cumple con los requisitos mínimos del estado.

B. ☐ Cobertura que paga solo por los daños causados por un tercero.

C. ☐ Cobertura que paga por daños a su propio vehículo sin importar quién tenga la culpa.

D. ☐ Cobertura que paga solo por daños causados por colisión.

14. ¿Cuál es el período de gracia para renovar el registro de un vehículo después de la fecha de vencimiento en California?

A. ☐ 5 días.

B. ☐ 10 días.

C. ☐ 15 días.

D. ☐ 30 días.

15. ¿Qué sucede si conduces un vehículo sin seguro en California?

A. ☐ Se te otorgará una multa de estacionamiento.

B. ☐ Se te permitirá continuar conduciendo sin sanciones.

C. ☐ Tu vehículo será confiscado.

D. ☐ Podrías enfrentar una multa y la suspensión de tu licencia de conducir.

Respuestas correctas para el examen de registro y seguro de vehículos 2

1. A - Identificar al propietario del vehículo.

2. A - Cobertura de responsabilidad civil.

3. A - Cada 2 años.

4. D - Conducir un vehículo.

5. A - Licencia de conducir.

6. C - Protección financiera en caso de accidente.

7. C - Cobertura integral.

8. D - Obtener un permiso de estacionamiento.

9. B - Falso.

10. B - Número de identificación del vehículo (VIN).

11. C - Multa de $200.

12. A - Recibo de compra del vehículo.

13. C - Cobertura que paga por daños a su propio vehículo sin importar quién tenga la culpa.

14. D - 30 días.

15. D - Podrías enfrentar una multa y la suspensión de tu licencia de conducir.

Examen de registro y seguro de vehículos 3

1. ¿Cuál es la función principal del registro de vehículos en California?

A. ▢ Identificar al propietario del vehículo.

B. ▢ Determinar el valor del vehículo.

C. ▢ Establecer la antigüedad del vehículo.

D. ▢ Controlar el consumo de combustible del vehículo.

2. ¿Cuál es la cobertura de seguro de automóvil mínima requerida por ley en California?

A. ▢ Responsabilidad civil.

B. ▢ Cobertura total del vehículo.

C. ▢ Cobertura contra daños a terceros.

D. ▢ Cobertura de robo y vandalismo.

3. ¿Cuándo debe renovarse el registro de un vehículo en California?

A. ▢ Cada 2 años.

B. ▢ Cada 3 años.

C. ▢ Cada 4 años.

D. ▢ Cada 5 años.

4. ¿Qué sucede si conduces un vehículo sin seguro en California?

A. ▢ Recibirás una advertencia por escrito.

B. ▢ Podrías enfrentar una multa y la suspensión de tu licencia de conducir.

C. ▢ Tu vehículo será confiscado.

D. ▢ Obtendrás una reducción en las tarifas de seguro.

5. ¿Qué documento debes llevar contigo al conducir un vehículo registrado en California?

A. ▢ Licencia de conducir.

B. ▢ Tarjeta de crédito.

C. ▢ Pasaporte.

D. ▢ Acta de nacimiento.

6. ¿Cuál de las siguientes opciones describe mejor la cobertura de seguro de automóvil a todo riesgo?

A. ▢ Cobertura básica que cumple con los requisitos mínimos del estado.

B. ▢ Cobertura que paga solo por los daños causados por un tercero.

C. ▢ Cobertura que paga por daños a su propio vehículo sin importar quién tenga la culpa.

D. ▢ Cobertura que paga solo por daños causados por colisión.

7. ¿Cuál de los siguientes documentos NO es necesario presentar al registrar un vehículo en California?

A. ▢ Prueba de seguro de automóvil.

B. ▢ Comprobante de residencia.

C. ▢ Licencia de conducir válida.

D. ▢ Recibo de compra del vehículo.

8. Verdadero o Falso: Es obligatorio llevar una copia impresa del comprobante de seguro en el vehículo en todo momento.

A. ▢ Verdadero.

B. ▢ Falso.

9. ¿Cuál de las siguientes opciones describe mejor la cobertura de seguro de responsabilidad civil?

A. ▢ Cobertura que paga por daños a su propio vehículo sin importar quién tenga la culpa.

B. ▢ Cobertura que paga solo por los daños causados por un tercero.

C. ▢ Cobertura que paga por daños causados por colisión.

D. ▢ Cobertura que paga por daños a terceros en caso de accidente.

10. ¿Cuál de los siguientes es un beneficio detener seguro de automóvil?

A. ▢ Protección financiera en caso de accidente.

B. ▢ Descuentos en la compra de gasolina.

C. ▢ Derecho a estacionar en cualquier lugar sin restricciones.

D. ▢ Exención de impuestos sobre el vehículo.

11. ¿Cuál de los siguientes elementos es necesario para completar el registro de un vehículo en California?

A. ▢ Número de identificación del vehículo (VIN).

B. ▢ Número de seguro social del propietario.

C. ▢ Certificado de educación vial.

D. ▢ Licencia de conducir internacional.

12. ¿Cuál de las siguientes opciones describe mejor la cobertura integral de seguro de automóvil?

A. ▢ Cobertura que paga por daños a su propio vehículo sin importar quién tenga la culpa.

B. ▢ Cobertura que paga solo por los daños causados por un tercero.

C. ▢ Cobertura que paga por daños causados por colisión.

D. ▢ Cobertura que paga solo por daños causados por incendio o robo.

13. ¿Cuál de los siguientes documentos se requiere para obtener un permiso de estacionamiento para personas con discapacidad en California?

A. ▢ Certificado médico válido.

B. ▢ Registro anterior del vehículo.

C. ▢ Licencia de conducir de otro estado.

D. ▢ Pasaporte vigente.

14. Verdadero o Falso: Es obligatorio tener seguro de automóvil en California.

A. ▢ Verdadero.

B. ▢ Falso.

15. ¿Cuál es el período de gracia para renovar el registro de un vehículo después de la fecha de vencimiento en California?

A. ▢ 5 días.

B. ▢ 10 días.

C. ▢ 15 días.

D. ▢ 30 días.

Respuestas correctas para el examen de registro y seguro de vehículos 3

1. **A** - Identificar al propietario del vehículo.
2. **A** - Responsabilidad civil.
3. **A** - Cada 2 años.
4. **B** - Podrías enfrentar una multa y la suspensión de tu licencia de conducir.
5. **A** - Licencia de conducir.
6. **C** - Cobertura que paga por daños a su propio vehículo sin importar quién tenga la culpa.
7. **D** - Recibo de compra del vehículo.
8. Verdadero
9. **D** - Cobertura que paga por daños a terceros en caso de accidente.
10. **A -** Protección financiera en caso de accidente.
11. **A** - Número de identificación del vehículo (VIN).
12. **A** - Cobertura que paga por daños a su propio vehículo sin importar quién tenga la culpa.
13. **A** - Certificado médico válido.
14. Verdadero
15. **D** - 30 días.

Examen de registro y seguro de vehículos 4

1. ¿Cuál es el propósito principal del registro de vehículos en California?

A. ▢ Identificar al propietario del vehículo.

B. ▢ Establecer la antigüedad del vehículo.

C. ▢ Controlar el consumo de combustible del vehículo.

D. ▢ Determinar el valor del vehículo.

2. ¿Cuál es el período de gracia para renovar el registro de un vehículo después de la fecha de vencimiento en California?

A. ▢ 5 días.

B. ▢ 10 días.

C. ▢ 15 días.

D. ▢ 30 días.

3. ¿Cuál de los siguientes documentos se requiere para registrar un vehículo nuevo en California?

A. ▢ Factura de venta.

B. ▢ Licencia de conducir internacional.

C. ▢ Tarjeta de crédito válida.

D. ▢ Permiso de estacionamiento para personas con discapacidad.

4. ¿Cuál es la cobertura de seguro de automóvil mínima requerida por ley en California?

A. ▢ Responsabilidad civil.

B. ▢ Cobertura total del vehículo.

C. ☐ Cobertura contra daños a terceros.

D. ☐ Cobertura de robo y vandalismo.

5. ¿Cuándo debes actualizar la información de registro de tu vehículo en California?

A. ☐ Cuando cambies de dirección.

B. ☐ Cuando cambies de número de teléfono.

C. ☐ Cuando cambies de trabajo.

D. ☐ Cuando cambies de nombre.

6. ¿Qué sucede si no registras tu vehículo dentro del período de gracia en California?

A. ☐ Recibirás una advertencia por correo electrónico.

B. ☐ Serás multado y podrían suspender tu licencia de conducir.

C. ☐ Tu vehículo será confiscado.

D. ☐ Podrás registrarlo en cualquier momento sin penalización.

7. Verdadero o Falso: Es obligatorio tener seguro de automóvil en California.

A. ☐ Verdadero.

B. ☐ Falso.

8. ¿Qué documentos debes llevar contigo al conducir un vehículo registrado en California?

A. ☐ Licencia de conducir y comprobante de seguro.

B. ☐ Pasaporte y tarjeta de crédito.

C. ☐ Registro anterior del vehículo y acta de nacimiento.

D. ☐ Tarjeta de identificación y comprobante de dirección.

9. ¿Cuándo debes proporcionar evidencia de seguro de automóvil al DMV de California?

A. ☐ Al registrarte por primera vez.

B. ☐ Durante una inspección de vehículos.

C. ☐ Cada vez que obtengas una infracción de tránsito.

D. ○ Todos los años en tu cumpleaños.

10. ¿Cuál es el plazo límite para presentar un informe de venta de vehículo al DMV de California después de vender un vehículo?

A. ○ 5 días.

B. ○ 10 días.

C. ○ 15 días.

D. ○ 30 días.

11. ¿Cuál de los siguientes elementos es necesario para obtener un permiso de estacionamiento para personas con discapacidad en California?

A. ○ Certificado médico válido.

B. ○ Registro anterior del vehículo.

C. ○ Licencia de conducir de otro estado.

D. ○ Pasaporte vigente.

12. ¿Cuál de las siguientes opciones describe mejor la cobertura de seguro de responsabilidad civil?

A. ○ Cobertura que paga por daños a terceros en caso de accidente.

B. ○ Cobertura que paga por daños a su propio vehículo sin importar quién tenga la culpa.

C. ○ Cobertura que paga por daños causados por colisión.

D. ○ Cobertura que paga solo por daños causados por incendio o robo.

13. ¿Cuál de los siguientes documentos se requiere para obtener una placa de matrícula personalizada en California?

A. ○ Solicitud de matrícula personalizada.

B. ▢ Licencia de conducir internacional.

C. ▢ Certificado de nacimiento original.

D. ▢ Comprobante de seguro de automóvil.

14. Verdadero o Falso: Es obligatorio llevar una copia impresa del registro de tu vehículo mientras conduces en California.

A. ▢ Verdadero.

B. ▢ Falso.

15. ¿Qué tipo de vehículos están exentos del requisito de registro en California?

A. ▢ Vehículos de emergencia y militares.

B. ▢ Vehículos eléctricos solamente.

C. ▢ Vehículos de lujo y deportivos.

D. ▢ Vehículos con más de 10 años de antigüedad.

Respuestas correctas para el examen de registro y seguro de vehículos 4

1. A - Identificar al propietario del vehículo.

2. D - 30 días.

3. A - Factura de venta.

4. A - Responsabilidad civil.

5. A - Cuando cambies de dirección.

6. B - Serás multado y podrían suspender tu licencia de conducir.

7. Verdadero

8. A - Licencia de conducir y comprobante de seguro.

9. A - Al registrarte por primera vez.

10. D - 30 días.

11. A - Certificado médico válido.

12. A - Cobertura que paga por daños a terceros en caso de accidente.

13. A - Solicitud de matrícula personalizada.

14. Falso

15. A - Vehículos de emergencia y militares.

Examen de registro y seguro de vehículos 5

1. ¿Cuál es el propósito del formulario de transferencia de título (pink slip) en California?

A. ▢ Establecer la antigüedad del vehículo.

B. ▢ Identificar al propietario actual del vehículo.

C. ▢ Verificar el historial de mantenimiento del vehículo.

D. ▢ Determinar el valor de reventa del vehículo.

2. ¿Cuál es la documentación requerida para obtener una tarjeta de identificación REAL ID de California?

A. ▢ Pasaporte válido y certificado de nacimiento original.

B. ▢ Licencia de conducir de otro estado y comprobante de residencia.

C. ▢ Tarjeta de seguro social y factura de servicios públicos.

D. ▢ Licencia de conducir de California y tarjeta de seguro de automóvil.

3. ¿Cuándo debes actualizar tu dirección en el registro de vehículos de California?

A. ▢ Dentro de los 10 días posteriores a un cambio de dirección.

B. ▢ Dentro de los 30 días posteriores a un cambio de dirección.

C. ▢ Dentro de los 60 días posteriores a un cambio de dirección.

D. ▢ Dentro de los 90 días posteriores a un cambio de dirección.

4. ¿Cuál de las siguientes opciones describe mejor la cobertura de seguro de colisión?

A. ▢ Cobertura que paga por daños a terceros en caso de accidente.

B. ▢ Cobertura que paga por daños causados por incendio o robo.

C. ▢ Cobertura que paga por daños causados por colisión con otros vehículos u objetos.

D. ☐ Cobertura que paga por daños a su propio vehículo sin importar quién tenga la culpa.

5. ¿Cuándo debes proporcionar evidencia de seguro de automóvil al DMV de California?

A. ☐ Al registrar un vehículo nuevo.

B. ☐ Durante una inspección de vehículos.

C. ☐ Al renovar el registro del vehículo.

D. ☐ Al solicitar una tarjeta de identificación REAL ID.

6. ¿Cuál de los siguientes vehículos requiere una inspección de emisiones en California?

A. ☐ Motocicletas.

B. ☐ Vehículos eléctricos.

C. ☐ Vehículos con menos de 5 años de antigüedad.

D. ☐ Vehículos con más de 15 años de antigüedad.

7. Verdadero o Falso: Es obligatorio tener cobertura de seguro de responsabilidad civil en California.

A. ☐ Verdadero.

B. ☐ Falso.

8. ¿Qué documentos debes llevar contigo al conducir un vehículo registrado en California?

A. ☐ Licencia de conducir y comprobante de seguro.

B. ☐ Pasaporte y tarjeta de crédito.

C. ☐ Registro anterior del vehículo y acta de nacimiento.

D. ☐ Tarjeta de identificación y comprobante de dirección.

9. ¿Cuál de las siguientes opciones describe mejor la cobertura de seguro de responsabilidad civil ampliada?

A. ▢ Cobertura que excede los límites mínimos requeridos por ley.

B. ▢ Cobertura que paga por daños causados por colisión.

C. ▢ Cobertura que paga por daños causados por incendio o robo.

D. ▢ Cobertura que paga por daños a su propio vehículo sin importar quién tenga la culpa.

10. ¿Cuál es el plazo para notificar al DMV de California sobre la venta o transferencia de un vehículo?

A. ▢ 10 días.

B. ▢ 30 días.

C. ▢ 60 días.

D. ▢ 90 días.

11. ¿Qué es un "franquicia" en un seguro de automóvil?

A. ▢ La cantidad que debes pagar de tu propio bolsillo antes de que el seguro cubra los daños.

B. ▢ El descuento aplicado a tu prima de seguro.

C. ▢ La parte del seguro que cubre daños a terceros.

D. ▢ El límite máximo de cobertura para daños causados por colisión.

12. ¿Cuál de los siguientes documentos se requiere para renovar el registro de tu vehículo en California?

A. ▢ Comprobante de seguro de automóvil.

B. ▢ Factura de venta original.

C. ▢ Licencia de conducir internacional.

D. ☐ Tarjeta de seguro social.

13. Verdadero o Falso: Si no tienes seguro de automóvil en California, tu vehículo puede ser confiscado.

A. ☐ Verdadero.

B. ☐ Falso.

14. ¿Cuál es la multa por no tener seguro de automóvil en California?

A. ☐ $100.

B. ☐ $200.

C. ☐ $500.

D. ☐ $1000.

15. ¿Cuál de los siguientes vehículos debe tener un permiso de circulación especial en California?

A. ☐ Vehículos comerciales de gran tamaño.

B. ☐ Motocicletas de menos de 250 cc.

C. ☐ Vehículos eléctricos solamente.

D. ☐ Vehículos con más de 10 años de antigüedad.

Respuestas correctas para el examen de registro y seguro de vehículos 5

1. **B -** Identificar al propietario actual del vehículo.

2. **A -** Pasaporte válido y certificado de nacimiento original.

3. **B -** Dentro de los 30 días posteriores a un cambio de dirección.

4. **C -** Cobertura que paga por daños causados por colisión con otros vehículos u objetos.

5. **C -** Al renovar el registro del vehículo.

6. **A -** Motocicletas.

7. Verdadero

8. **A -** Licencia de conducir y comprobante de seguro.

9. **A -** Cobertura que excede los límites mínimos requeridos por ley.

10. **B -** 30 días.

11. **A -** La cantidad que debes pagar de tu propio bolsillo antes de que el seguro cubra los daños.

12. **A -** Comprobante de seguro de automóvil.

13. Verdadero

14. **C -** $500.

15. **A -** Vehículos comerciales de gran tamaño.

Emergencias

En este capítulo, nos adentraremos en el tema de las emergencias en relación al examen del Departamento de Vehículos Motorizados (DMV) de California. Saber cómo manejar eficazmente las emergencias en la carretera es crucial tanto para tu propia seguridad como para el bienestar de los demás. A lo largo de este capítulo, exploraremos varios escenarios de emergencia, discutiremos técnicas de respuesta adecuadas y proporcionaremos pautas importantes para ayudarte a navegar con éxito situaciones de emergencia.

Reconocimiento de Emergencias

La habilidad de identificar y reaccionar rápidamente ante las emergencias es una habilidad fundamental para cualquier conductor. Al aprender a reconocer emergencias comunes en la carretera, como accidentes, averías o situaciones peligrosas, podrás prepararte mejor para eventos inesperados. También es importante estar atento y observar las señales y advertencias que indican posibles emergencias. Esta conciencia aumentada te permitirá reaccionar rápidamente y tomar las medidas adecuadas para mitigar riesgos.

Preparación para Emergencias

Una preparación adecuada para emergencias puede contribuir enormemente a tu capacidad para manejar situaciones críticas de manera efectiva. Como parte de tus preparativos, asegúrate de tener un kit de emergencia para el vehículo bien equipado que incluya elementos esenciales como una llanta de repuesto, gato, linterna y suministros de primeros auxilios. Verifica regularmente el equipo de seguridad de tu vehículo, como luces, frenos y neumáticos, para minimizar el riesgo de fallas mecánicas que puedan provocar emergencias. Además, mantén a mano una lista de información de contacto de emergencia para poder solicitar ayuda cuando sea necesario.

Emergencias Mecánicas

Enfrentar emergencias mecánicas mientras conduces es algo común. Saber cómo manejar situaciones como un neumático desinflado, falla en los frenos, sobrecalentamiento del motor o un vehículo detenido es crucial para tu seguridad y la de otros en la carretera. Comprender los pasos apropiados a tomar en cada escenario, como detenerse de manera segura en el costado de la carretera, utilizar las luces de emergencia o buscar asistencia profesional, puede ayudar a mitigar riesgos y prevenir daños adicionales a tu vehículo.

Accidentes de Tráfico

Estar involucrado en un accidente de tráfico puede ser una experiencia altamente estresante y abrumadora. Es importante mantener la calma y la compostura en tales situaciones. Una vez que ocurre el accidente, evalúa la escena para determinar el nivel de peligro y toma las precauciones necesarias para garantizar tu seguridad y la de los demás. Informa rápidamente del accidente a las autoridades correspondientes y proporciónales información precisa y necesaria. Interactuar con las demás partes involucradas de manera respetuosa y cooperativa puede ayudar a facilitar la resolución de la situación y el intercambio de información.

Emergencias Médicas

Enfrentar una emergencia médica mientras conduces requiere pensamiento rápido y acción apropiada. Aprende a reconocer los signos de angustia médica en ti mismo o en otros, como dolor intenso, pérdida de conocimiento o dificultad para respirar. Si estás capacitado y puedes hacerlo, brinda primeros auxilios y soporte vital básico hasta que llegue ayuda médica profesional. Comunícate de inmediato con los servicios médicos de emergencia (EMS) para informar de la situación y solicitar asistencia. Recuerda que tu prioridad debe ser siempre el bienestar y la seguridad de las personas involucradas en la emergencia médica.

Conclusión

Navegar las emergencias en la carretera es una habilidad crítica para cada conductor. Al comprender cómo reconocer las emergencias, estar preparado para eventos inesperados y conocer las técnicas de respuesta adecuadas, puedes manejar con confianza varios escenarios de emergencia. Recuerda mantener la calma, priorizar la seguridad y seguir las pautas proporcionadas por el DMV de California. Con conocimiento y preparación, puedes responder de manera efectiva a las emergencias y garantizar la seguridad tuya y de los demás en la carretera.

Con fines de entrenamiento, puedes marcar el símbolo ▫ junto a lo que creas que es la respuesta correcta. Una vez que hayas seleccionado la respuesta correcta, usa un lápiz o bolígrafo para marcar el símbolo ▫ junto a esa respuesta.

So, let's get started!

Examen de emergencias

1. ¿Cuál es la primera cosa que debes hacer en caso de presenciar un accidente de tráfico?

A. ▫ Llamar a un abogado.
B. ▫ Tomar fotografías del accidente.
C. ▫ Llamar al 911 para solicitar ayuda.
D. ▫ Dejar el lugar del accidente de inmediato.

2. Verdadero o Falso: Debes mover a una persona lesionada inmediatamente después de un accidente.

A. ▫ Verdadero.
B. ▫ Falso.

3. ¿Qué debes hacer si tu vehículo comienza a sobrecalentarse mientras conduces?

A. ▫ Acelerar para enfriar el motor.
B. ▫ Apagar el motor y esperar a que se enfríe.
C. ▫ Continuar conduciendo a una velocidad reducida.
D. ▫ Detenerte en un lugar seguro y apagar el motor.

4. ¿Cuál es la forma más segura de manejar en condiciones de neblina densa?

A. ▫ Encender las luces altas del vehículo.
B. ▫ Usar las luces de niebla y reducir la velocidad.
C. ▫ Mantener la misma velocidad y seguir el vehículo delantero.
D. ▫ Apagar todas las luces del vehículo.

5. ¿Cuál es la acción correcta en caso de que tu vehículo comience a deslizarse en una superficie resbaladiza?

A. ▫ Frenar bruscamente para detener el deslizamiento.
B. ▫ Girar el volante en la dirección opuesta al deslizamiento.
C. ▫ Mantener el volante recto y evitar frenar o acelerar bruscamente.
D. ▫ Apagar el motor y abandonar el vehículo.

6. Verdadero o Falso: Si un semáforo no funciona correctamente, debes tratarlo como una señal de alto.

   A. ▢ Verdadero.
   B. ▢ Falso.

7. ¿Cuál es la acción correcta al acercarte a una intersección con un semáforo en luz amarilla intermitente?

   A. ▢ Acelerar para cruzar antes de que cambie a luz roja.
   B. ▢ Detenerte por completo y esperar a que el tráfico se despeje.
   C. ▢ Continuar con precaución si no hay otros vehículos.
   D. ▢ Cambiar de carril para evitar el semáforo.

8. ¿Qué debes hacer si tu vehículo se queda atascado en una inundación repentina?

   A. ▢ Mantener el motor encendido y esperar a ser rescatado.
   B. ▢ Bajar las ventanas y nadar hasta un lugar seguro.
   C. ▢ Salir del vehículo y buscar terreno más alto.
   D. ▢ Llamar a una grúa para que remolque tu vehículo.

9. ¿Cuál es la acción correcta al encontrarte con una ambulancia con las luces y sirenas encendidas?

   A. ▢ Aumentar la velocidad y seguir adelante.
   B. ▢ Detenerte en el lugar donde te encuentres.
   C. ▢ Moverte al carril derecho y detenerte si es posible.
   D. ▢ Ignorar la ambulancia y continuar conduciendo.

10. Verdadero o Falso: Debes usar el teléfono celular mientras conduces en caso de emergencia.

   A. ▢ Verdadero.
   B. ▢ Falso.

11. ¿Qué debes hacer si tu vehículo tiene una llanta desinflada mientras conduces?

    A. ▢ Frenar bruscamente para detenerte.
    B. ▢ Continuar conduciendo hasta encontrar una gasolinera cercana.
    C. ▢ Reducir gradualmente la velocidad y estacionarte en un lugar seguro.
    D. ▢ Acelerar para llegar a tu destino más rápido.

12. ¿Cuál es la acción correcta al acercarte a una señal de alto (stop)?

    A. ▢ Detenerte por completo y ceder el paso a otros vehículos.
    B. ▢ Acelerar para cruzar antes de que el semáforo cambie.
    C. ▢ Continuar conduciendo sin detenerte.
    D. ▢ Tocar la bocina para alertar a otros conductores.

13. ¿Qué debes hacer si te encuentras con un conductor agresivo en la carretera?

    A. ▢ Responder de la misma manera y competir con él.
    B. ▢ Ignorarlo y continuar conduciendo sin prestar atención.
    C. ▢ Mantener la calma, evitar el contacto visual y permitirle pasar.
    D. ▢ Informar a la policía sobre su comportamiento.

14. ¿Qué debes hacer si presencias un incendio forestal cerca de la carretera?

    A. ▢ Acelerar y alejarte lo más rápido posible.
    B. ▢ Detenerte y tomar fotografías del incendio.
    C. ▢ Llamar al 911 para informar sobre el incendio.
    D. ▢ Salir del vehículo y tratar de apagar el fuego.

15. ¿Cuál es la acción correcta al enfrentarte a un conductor ebrio en la carretera?

    A. ▢ Seguir al conductor ebrio y reportarlo a la policía.
    B. ▢ Adelantar al conductor ebrio a alta velocidad.
    C. ▢ Mantener una distancia segura y llamar a la policía para informar.
    D. ▢ Ignorar al conductor ebrio y continuar conduciendo.

Respuestas correctas para el examen de emergencias

1. C - Llamar al 911 para solicitar ayuda.

2. Falso

3. D - Detenerte en un lugar seguro y apagar el motor.

4. B - Usar las luces de niebla y reducir la velocidad.

5. C - Mantener el volante recto y evitar frenar o acelerar bruscamente.

6. Verdadero

7. C - Continuar con precaución si no hay otros vehículos.

8. C - Salir del vehículo y buscar terreno más alto.

9. C - Moverte al carril derecho y detenerte si es posible.

10. Falso

11. C - Reducir gradualmente la velocidad y estacionarte en un lugar seguro.

12. A - Detenerte por completo y ceder el paso a otros vehículos.

13. C - Mantener la calma, evitar el contacto visual y permitirle pasar.

14. C - Llamar al 911 para informar sobre el incendio.

15. C - Mantener una distancia segura y llamar a la policía para informar.

Examen de emergencias 2

1. ¿Qué debes hacer si te encuentras con una situación de emergencia en la carretera?

   A. ▢ Detenerte inmediatamente.

   B. ▢ Continuar conduciendo a alta velocidad.

   C. ▢ Mantener la calma y tomar las medidas necesarias para garantizar la seguridad.

   D. ▢ Ignorar la situación y continuar conduciendo.

2. ¿Cuál es la acción correcta al ver las luces de emergencia de un vehículo en la carretera?

   A. ▢ Acelerar y pasar rápidamente el vehículo.

   B. ▢ Detenerte y ofrecer ayuda si es posible.

   C. ▢ Cambiar de carril sin precaución.

   D. ▢ Ignorar las luces de emergencia y continuar conduciendo.

3. Verdadero o Falso: Debes encender las luces intermitentes de tu vehículo en caso de una emergencia.

   A. ▢ Verdadero.

   B. ▢ Falso.

4. ¿Qué debes hacer si presencias un accidente de tráfico en la carretera?

   A. ▢ Detenerte y tomar fotografías del accidente.

   B. ▢ Continuar conduciendo sin prestar atención al accidente.

   C. ▢ Llamar al 911 para informar sobre el accidente.

   D. ▢ Acelerar y alejarte lo más rápido posible.

5. ¿Cuál es la acción correcta al enfrentarte a una situación de inundación en la carretera?

A. ☐ Acelerar para cruzar la inundación lo más rápido posible.

B. ☐ Detenerte y esperar a que la inundación se disipe.

C. ☐ Buscar una ruta alternativa y evitar la inundación.

D. ☐ Continuar conduciendo sin precaución a través de la inundación.

6. ¿Qué debes hacer si tu vehículo se incendia mientras conduces?

A. ☐ Detenerte inmediatamente y abandonar el vehículo.

B. ☐ Continuar conduciendo hasta llegar a un taller mecánico.

C. ☐ Apagar el motor y llamar a los servicios de emergencia.

D. ☐ Ignorar el incendio y continuar conduciendo.

7. ¿Cuál es la acción correcta al encontrarte con una situación de derrame de sustancias peligrosas en la carretera?

A. ☐ Pasar rápidamente la zona del derrame sin precaución.

B. ☐ Detenerte y ayudar a limpiar el derrame.

C. ☐ Mantener una distancia segura y llamar a los servicios de emergencia.

D. ☐ Ignorar el derrame y continuar conduciendo.

8. Verdadero o Falso: Debes usar el teléfono celular mientras conduces en caso de emergencia.

A. ☐ Verdadero.

B. ☐ Falso.

9. ¿Qué debes hacer si te encuentras con un conductor ebrio en la carretera?

A. ☐ Adelantar al conductor ebrio a alta velocidad.

B. ☐ Seguir al conductor ebrio y confrontarlo.

C. ☐ Mantener una distancia segura y llamar a la policía para informar.

D. ☐ Ignorar al conductor ebrio y continuar conduciendo.

10. ¿Cuál es la acción correcta al presenciar un accidente de tren en un cruce de vías?

A. ☐ Cruzar rápidamente las vías del tren sin precaución.

B. ☐ Detenerte y ofrecer ayuda a los afectados.

C. ☐ Mantenerte alejado de las vías del tren y llamar a los servicios de emergencia.

D. ☐ Ignorar el accidente y continuar conduciendo.

11. ¿Qué debes hacer si te encuentras con un vehículo de emergencia con las luces y sirenas encendidas?

A. ☐ Seguir al vehículo de emergencia lo más cerca posible.

B. ☐ Detenerte y permitir que el vehículo de emergencia pase.

C. ☐ Cambiar de carril sin precaución.

D. ☐ Ignorar el vehículo de emergencia y continuar conduciendo.

12. ¿Cuál es la acción correcta al enfrentarte a una situación de deslizamiento de tierra en la carretera?

A. ☐ Acelerar para salir rápidamente de la zona de deslizamiento de tierra.

B. ☐ Detenerte y esperar a que pase la amenaza.

C. ☐ Buscar una ruta alternativa y evitar la zona de deslizamiento de tierra.

D. ☐ Continuar conduciendo sin precaución a través de la zona de deslizamiento de tierra.

13. ¿Qué debes hacer si te encuentras con un conductor agresivo en la carretera?

A. ▫ Retar al conductor agresivo y enfrentarlo.

B. ▫ Seguir al conductor agresivo y llamar a la policía para informar.

C. ▫ Mantener la calma, evitar el contacto visual y permitirle pasar.

D. ▫ Ignorar al conductor agresivo y continuar conduciendo.

14. ¿Qué debes hacer si te encuentras con un incendio en la carretera?

A. ▫ Acelerar para alejarte rápidamente del incendio.

B. ▫ Detenerte y tomar fotografías del incendio.

C. ▫ Llamar al 911 para informar sobre el incendio.

D. ▫ Ignorar el incendio y continuar conduciendo.

15. ¿Cuál es la acción correcta al enfrentarte a un objeto en llamas en la carretera?

A. ▫ Pasar rápidamente por encima del objeto sin precaución.

B. ▫ Detenerte y extinguir el fuego.

C. ▫ Mantener una distancia segura y llamar a los servicios de emergencia.

D. ▫ Ignorar el objeto en llamas y continuar conduciendo.

Correct answers for emergencies exam 2

1. C - Mantener la calma y tomar las medidas necesarias para garantizar la seguridad.

2. C - Cambiar de carril sin precaución.

3. Verdadero.

4. C - Llamar al 911 para informar sobre el accidente.

5. C - Buscar una ruta alternativa y evitar la inundación.

6. C - Apagar el motor y llamar a los servicios de emergencia.

7. C - Mantener una distancia segura y llamar a los servicios de emergencia.

8. Falso.

9. C - Mantener una distancia segura y llamar a la policía para informar.

10. C - Mantenerte alejado de las vías del tren y llamar a los servicios de emergencia.

11. B - Detenerte y permitir que el vehículo de emergencia pase.

12. C - Buscar una ruta alternativa y evitar la zona de deslizamiento de tierra.

13. C - Mantener la calma, evitar el contacto visual y permitirle pasar.

14. C - Llamar al 911 para informar sobre el incendio.

15. C - Mantener una distancia segura y llamar a los servicios de emergencia.

Examen de emergencias 3

1. ¿Cuál es la acción correcta al presenciar un accidente de tráfico en la carretera?

A. ▢ Ignorar el accidente y continuar conduciendo.

B. ▢ Detenerte y ofrecer ayuda a los afectados.

C. ▢ Llamar al 911 para informar sobre el accidente.

D. ▢ Grabar un video del accidente y publicarlo en las redes sociales.

2. ¿Qué debes hacer si ves humo saliendo del capó de tu vehículo?

A. ▢ Continuar conduciendo normalmente sin prestarle atención.

B. ▢ Detenerte y abrir el capó para verificar el problema.

C. ▢ Llamar a un mecánico y programar una cita.

D. ▢ Acelerar para tratar de apagar el humo.

3. Verdadero o Falso: Es necesario encender las luces de emergencia en caso de avería en la carretera.

A. ▢ Verdadero

B. ▢ Falso

4. ¿Qué debes hacer si presencias un derrame de líquidos peligrosos en la carretera?

A. ▢ Acelerar para alejarte rápidamente de la zona del derrame.

B. ▢ Detenerte y ofrecer ayuda a los involucrados.

C. ▢ Mantener una distancia segura y llamar a los servicios de emergencia.

D. ▢ Ignorar el derrame y continuar conduciendo.

5. ¿Cuál es la acción correcta al enfrentarte a una inundación en la carretera?

A. ▢ Acelerar para pasar rápidamente por encima del agua.

B. ▢ Detenerte y esperar a que la inundación se disipe.

C. ▢ Buscar una ruta alternativa y evitar la inundación.

D. ▢ Ignorar la inundación y continuar conduciendo.

6. ¿Qué debes hacer si tu vehículo se incendia mientras conduces?

A. ▢ Acelerar para tratar de llegar a un lugar seguro.

B. ▢ Detenerte y llamar a los servicios de emergencia.

C. ▢ Apagar el motor y llamar a los servicios de emergencia.

D. ▢ Ignorar el incendio y continuar conduciendo.

7. ¿Cuál es la acción correcta al enfrentarte a un conductor que parece estar bajo la influencia del alcohol o las drogas?

A. ▢ Retarlo y confrontarlo directamente.

B. ▢ Seguir al conductor y tomar fotografías como evidencia.

C. ▢ Mantener una distancia segura y llamar a los servicios de emergencia.

D. ▢ Ignorar al conductor y continuar conduciendo.

8. Verdadero o Falso: Los vehículos de emergencia siempre tienen el derecho de paso en todas las situaciones.

A. ▢ Verdadero

B. ▢ Falso

9. ¿Qué debes hacer si te encuentras con un animal en la carretera?

A. ▢ Acelerar para asustar al animal y hacerlo salir del camino.

B. ▢ Detenerte y ofrecer ayuda al animal.

C. ▢ Mantener una distancia segura y llamar a la policía para informar.

D. ▢ Ignorar al animal y continuar conduciendo.

10. ¿Cuál es la acción correcta al encontrarte con un semáforo fuera de servicio?

A. ▢ Acelerar y pasar rápidamente por el cruce.

B. ▢ Detenerte y esperar a que otros conductores te den paso.

C. ▢ Tratarlo como una intersección de cuatro vías y ceder el paso según las reglas de prioridad.

D. ▢ Ignorar el semáforo y continuar conduciendo normalmente.

11. Verdadero o Falso: Debes usar el cinturón de seguridad en todo momento mientras conduces.

A. ▢ Verdadero

B. ▢ Falso

12. ¿Cuál es la acción correcta al enfrentarte a un vehículo de emergencia con las luces y sirenas encendidas?

A. ▢ Continuar conduciendo a la misma velocidad y dirección.

B. ▢ Detenerte en el lugar donde te encuentres.

C. ▢ Ceder el paso y apartarte hacia el lado derecho de la vía.

D. ▢ Ignorar al vehículo de emergencia y continuar conduciendo.

13. ¿Qué debes hacer si tu vehículo sufre una avería en una autopista o carretera de alta velocidad?

A. ☐ Intentar reparar el vehículo por tu cuenta.

B. ☐ Estacionar el vehículo en el carril de emergencia.

C. ☐ Mantener una distancia segura y llamar a la asistencia en carretera.

D. ☐ Ignorar la avería y continuar conduciendo a una velocidad reducida.

14. ¿Cuál es la acción correcta al enfrentarte a una tormenta eléctrica mientras conduces?

A. ☐ Detenerte en el lugar donde te encuentres y esperar a que pase la tormenta.

B. ☐ Aumentar la velocidad para salir rápidamente de la zona de la tormenta.

C. ☐ Mantener una distancia segura de otros vehículos y reducir la velocidad.

D. ☐ Ignorar la tormenta y continuar conduciendo normalmente.

15. ¿Qué debes hacer si presencias un accidente de tráfico con heridos graves?

A. ☐ Detenerte y proporcionar primeros auxilios a los heridos.

B. ☐ Llamar a tus amigos para informarles sobre el accidente.

C. ☐ Continuar conduciendo sin intervenir en la situación.

D. ☐ Ignorar el accidente y llamar a los servicios de emergencia.

Respuestas correctas para el examen de emergencias 3

1. B - Detenerte y ofrecer ayuda a los afectados.

2. B - Detenerte y abrir el capó para verificar el problema.

3. A - Verdadero

4. C - Mantener una distancia segura y llamar a los servicios de emergencia.

5. C - Buscar una ruta alternativa y evitar la inundación.

6. B - Detenerte y llamar a los servicios de emergencia.

7. C - Mantener una distancia segura y llamar a los servicios de emergencia.

8. B - Falso

9. C - Mantener una distancia segura y llamar a la policía para informar.

10. C - Tratarlo como una intersección de cuatro vías y ceder el paso según las reglas de prioridad.

11. A - Verdadero

12. C - Ceder el paso y apartarte hacia el lado derecho de la vía.

13. C - Mantener una distancia segura y llamar a la asistencia en carretera.

14. C - Mantener una distancia segura de otros vehículos y reducir la velocidad.

15. A - Detenerte y proporcionar primeros auxilios a los heridos.

Examen de emergencias 4

1. ¿Cuál de las siguientes acciones debes tomar en caso de presenciar un incendio en un túnel mientras conduces?

A. ▫ Salir del vehículo y correr hacia la salida más cercana.

B. ▫ Mantener la calma y continuar conduciendo a una velocidad segura.

C. ▫ Encender las luces de emergencia y llamar al 911.

D. ▫ Apagar el motor del vehículo y esperar a que el incendio se extinga.

2. ¿Qué debes hacer si te encuentras en un área inundada mientras conduces?

A. ▫ Acelerar para cruzar rápidamente el área inundada.

B. ▫ Detener el vehículo en el lugar donde te encuentres y esperar a que baje el nivel del agua.

C. ▫ Mantener una velocidad constante y evitar cambios bruscos en la dirección.

D. ▫ Buscar una ruta alternativa y evitar el área inundada.

3. Verdadero o Falso: Si presencias un accidente de tráfico, siempre debes llamar a los servicios de emergencia.

A. ▫ Verdadero

B. ▫ Falso

4. ¿Cuál de las siguientes acciones es correcta al enfrentarte a un vehículo de emergencia con las luces y sirenas encendidas?

A. ▫ Mantener la velocidad y dirección actuales.

B. ▫ Detener el vehículo en el carril más cercano al vehículo de emergencia.

C. ▫ Aumentar la velocidad para mantenerse a la par del vehículo de emergencia.

D. ▫ Apartarte hacia el lado derecho de la vía y detenerte si es seguro hacerlo.

5. ¿Qué debes hacer si tu vehículo se queda atascado en la nieve durante una tormenta invernal?

A. ▢ Apagar el motor y esperar a que llegue ayuda.

B. ▢ Usar las luces de emergencia y buscar refugio en otro vehículo cercano.

C. ▢ Utilizar cadenas para los neumáticos y tratar de liberar el vehículo con movimientos suaves.

D. ▢ Ignorar la situación y continuar conduciendo normalmente.

6. ¿Cuál de las siguientes acciones debes tomar si presencias un accidente de tráfico con un vehículo que transporta materiales peligrosos?

A. ▢ Acercarte al vehículo para inspeccionar el daño.

B. ▢ Llamar a tus amigos para contarles sobre el accidente.

C. ▢ Mantenerte a una distancia segura y llamar a los servicios de emergencia.

D. ▢ Ignorar el accidente y continuar conduciendo.

7. Verdadero o Falso: Si te encuentras en un accidente de tráfico, siempre debes mover tu vehículo fuera de la vía.

A. ▢ Verdadero

B. ▢ Falso

8. ¿Qué debes hacer si un peatón resulta herido después de un accidente de tráfico?

A. ▢ Salir del vehículo y proporcionar primeros auxilios al peatón.

B. ▢ Continuar conduciendo sin detenerte.

C. ▢ Llamar a los servicios de emergencia y permanecer en el lugar del accidente.

D. ▢ Ignoraral peatón herido y buscar atención médica por ti mismo.

9. ¿Cuál es la acción correcta al enfrentarte a un incendio en tu vehículo?

A. ▢ Abrir todas las puertas del vehículo para permitir la ventilación.

B. ▢ Detenerte y tratar de apagar el fuego con un extintor si es seguro hacerlo.

C. ▢ Saltar del vehículo y alejarte lo más rápido posible.

D. ▢ Llamar al 911 y esperar a los bomberos en un lugar seguro.

10. ¿Qué debes hacer si presencias un accidente de tráfico en una autopista o carretera de alta velocidad?

A. ▢ Detenerte inmediatamente en el carril de emergencia.

B. ▢ Continuar conduciendo a la velocidad permitida sin prestar atención al accidente.

C. ▢ Mantenerte alejado del lugar del accidente y llamar a los servicios de emergencia.

D. ▢ Ignorar el accidente y continuar conduciendo normalmente.

11. ¿Cuál de las siguientes acciones debes tomar si tu vehículo se incendia mientras conduces?

A. ▢ Abrir todas las ventanas del vehículo para permitir que el humo escape.

B. ▢ Detenerte y tratar de apagar el fuego utilizando cualquier medio disponible.

C. ▢ Salir del vehículo rápidamente y alejarte de él.

D. ▢ Llamar a tus amigos para contarles sobre el incidente.

12. Verdadero o Falso: Si presencias un accidente de tráfico, debes mover a los heridos inmediatamente.

A. ▢ Verdadero

B. ▢ Falso

13. ¿Qué debes hacer si tu vehículo sufre una avería en una zona de trabajo en la carretera?

A. ▢ Detenerte en el carril más cercano y llamar a un servicio de grúa.

B. ▢ Continuar conduciendo a baja velocidad sin prestar atención a las señales de trabajo.

C. ▢ Seguir las indicaciones del personal de trabajo y apartarte hacia el lado derecho de la vía.

D. ▢ Ignorar la avería y continuar conduciendo normalmente.

14. ¿Cuál de las siguientes acciones es correcta al enfrentarte a una inundación repentina en la carretera?

A. ▢ Acelerar para cruzar rápidamente la inundación.

B. ▢ Detenerte y esperar a que el nivel del agua baje.

C. ▢ Mantener una velocidad constante y evitar cambios bruscos en la dirección.

D. ▢ Buscar una ruta alternativa y evitar el área inundada.

15. ¿Qué debes hacer si presencias un accidente de tráfico con derrame de líquidos peligrosos?

A. ▢ Acercarte al vehículo accidentado y evaluar el daño.

B. ▢ Llamar a tus amigos para contarles sobre el accidente.

C. ▢ Mantenerte a una distancia segura y llamar a los servicios de emergencia.

D. ▢ Ignorar el accidente y continuar conduciendo.

Respuestas correctas para el examen de emergencias 4

1. C - Encender las luces de emergencia y llamar al 911.

2. D - Buscar una ruta alternativa y evitar el área inundada.

3. Verdadero

4. D - Apartarte hacia el lado derecho de la vía y detenerte si es seguro hacerlo.

5. C - Utilizar cadenas para los neumáticos y tratar de liberar el vehículo con movimientos suaves.

6. C - Mantenerte a una distancia segura y llamar a los servicios de emergencia.

7. Falso

8. C - Llamar a los servicios de emergencia y permanecer en el lugar del accidente.

9. D - Llamar al 911 y esperar a los bomberos en un lugar seguro.

10. C - Mantenerte alejado del lugar del accidente y llamar a los servicios de emergencia.

11. C - Salir del vehículo rápidamente y alejarte de él.

12. Falso

13. C - Seguir las indicaciones del personal de trabajo y apartarte hacia el lado derecho de la vía.

14. D - Buscar una ruta alternativa y evitar el área inundada.

15. C - Mantenerte a una distancia segura y llamar a los servicios de emergencia.

Examen de emergencias 5

1. ¿Qué debes hacer si presencias un accidente de tráfico con personas heridas?

A. ▢ Detenerte y ofrecer ayuda médica inmediata.

B. ▢ Continuar conduciendo sin detenerte.

C. ▢ Llamar al 911 y reportar el accidente.

D. ▢ Ignorar el accidente y continuar conduciendo.

2. ¿Cuál es la primera acción que debes tomar en caso de presenciar un incendio en la carretera?

A. ▢ Llamar a los bomberos y reportar el incendio.

B. ▢ Detenerte y tratar de apagar el fuego con un extintor.

C. ▢ Mantenerte alejado del área del incendio y buscar un lugar seguro.

D. ▢ Ignorar el incendio y continuar conduciendo.

3. Verdadero o Falso: Si tu vehículo se queda atascado en una inundación, debes permanecer en él hasta que lleguen los servicios de emergencia.

A. ▢ Verdadero

B. ▢ Falso

4. ¿Qué debes hacer si te encuentras con un semáforo que no está funcionando en una intersección?

A. ▢ Detenerte y esperar a que el semáforo comience a funcionar nuevamente.

B. ▢ Continuar conduciendo sin prestar atención al semáforo.

C. ▢ Tratar la intersección como si fuera una parada de cuatro vías.

D. ▢ Ignorar el semáforo y continuar conduciendo normalmente.

5. ¿Cuál es la acción correcta si presencias un accidente de tráfico en una zona de construcción?

A. ▢ Detenerte y prestar ayuda médica a los heridos.

B. ▢ Continuar conduciendo sin detenerte.

C. ▢ Seguir las indicaciones del personal de construcción y ajustar la velocidad.

D. ▢ Ignorar el accidente y continuar conduciendo normalmente.

6. ¿Qué debes hacer si te encuentras con un vehículo de emergencia con las luces y sirenas encendidas?

A. ▢ Detenerte inmediatamente en el carril de emergencia.

B. ▢ Continuar conduciendo a la misma velocidad sin prestar atención al vehículo de emergencia.

C. ▢ Apartarte hacia el lado derecho de la vía y detenerte si es seguro hacerlo.

D. ▢ Ignorar el vehículo de emergencia y continuar conduciendo normalmente.

7. Verdadero o Falso: Si un vehículo de emergencia se acerca por detrás con las luces y sirenas encendidas, debes acelerar para darles paso.

A. ▢ Verdadero

B. ▢ Falso

8. ¿Cuál es la primera acción que debes tomar si te quedas atrapado en una tormenta de nieve en la carretera?

A. ▢ Detenerte y esperar a que la tormenta pase.

B. ▢ Continuar conduciendo a baja velocidad sin prestar atención a la nieve.

C. ▢ Mantenerte en el vehículo y llamar a los servicios deemergencia.

D. ▢ Ignorar la tormenta y continuar conduciendo normalmente.

9. ¿Qué debes hacer si tu vehículo se incendia mientras conduces?

   A. ▢ Detenerte inmediatamente y tratar de apagar el fuego.

   B. ▢ Continuar conduciendo a alta velocidad para llegar a un lugar seguro.

   C. ▢ Llamar a los bomberos y esperar a que lleguen.

   D. ▢ Ignorar el incendio y continuar conduciendo normalmente.

10. ¿Cuál es la acción correcta si te encuentras con una manifestación o protesta en la carretera?

   A. ▢ Detenerte y unirte a la protesta.

   B. ▢ Continuar conduciendo sin prestar atención a la manifestación.

   C. ▢ Mantenerte alejado del área y buscar una ruta alternativa.

   D. ▢ Ignorar la manifestación y continuar conduciendo normalmente.

11. ¿Qué debes hacer si presencias un derrame de productos químicos en la carretera?

   A. ▢ Detenerte y tratar de limpiar el derrame.

   B. ▢ Continuar conduciendo sin prestar atención al derrame.

   C. ▢ Mantenerte a una distancia segura y llamar a los servicios de emergencia.

   D. ▢ Ignorar el derrame y continuar conduciendo normalmente.

12. Verdadero o Falso: Si tu vehículo se descompone en la carretera, debes levantar el capó para señalar que necesitas ayuda.

   A. ▢ Verdadero

   B. ▢ Falso

13. ¿Cuál es la acción correcta si te encuentras con un accidente de tráfico en una carretera de alta velocidad?

A. ▢ Detenerte y ofrecer ayuda médica inmediata.

B. ▢ Continuar conduciendo sin detenerte.

C. ▢ Seguir las indicaciones del personal de trabajo y apartarte hacia el lado derecho de la vía.

D. ▢ Ignorar el accidente y continuar conduciendo normalmente.

14. ¿Qué debes hacer si presencias una inundación en la carretera?

A. ▢ Detenerte y esperar a que la inundación se disipe.

B. ▢ Continuar conduciendo a alta velocidad para cruzar la inundación rápidamente.

C. ▢ Mantenerte alejado del área inundada y buscar una ruta alternativa.

D. ▢ Ignorar la inundación y continuar conduciendo normalmente.

15. ¿Cuál es la acción correcta si te encuentras con un peatón herido en la carretera?

A. ▢ Detenerte y llamar a los servicios de emergencia.

B. ▢ Continuar conduciendo sin prestar atención al peatón herido.

C. ▢ Mantenerte a una distancia segura y llamar a los servicios de emergencia.

D. ▢ Ignorar al peatón herido y continuar conduciendo normalmente.

Respuestas correctas para el examen de emergencias 5

1. C - Llamar al 911 y reportar el accidente.

2. C - Mantenerte alejado del área del incendio y buscar un lugar seguro.

3. Verdadero

4. C - Tratar la intersección como si fuera una parada de cuatro vías.

5. C - Seguir las indicaciones del personal de construcción y ajustar la velocidad.

6. C - Apartarte hacia el lado derecho de la vía y detenerte si es seguro hacerlo.

7. B - Falso

8. C - Mantenerte en el vehículo y llamar a los servicios de emergencia.

9. C - Llamar a los bomberos y esperar a que lleguen.

10. C - Mantenerte alejado del área y buscar una ruta alternativa.

11. C - Mantenerte a una distancia segura y llamar a los servicios de emergencia.

12. B - Falso

13. C - Seguir las indicaciones del personal de trabajo y apartarte hacia el lado derecho de la vía.

14. C - Mantenerte alejado del área inundada y buscar una ruta alternativa.

15. A - Detenerte y llamar a los servicios de emergencia.

Límites de tamaño y peso del vehículo

Este capítulo se enfoca en el tema de los límites de tamaño y peso de los vehículos en relación con el examen del Departamento de Vehículos Motorizados (DMV) de California. Comprender las regulaciones y restricciones con respecto al tamaño y peso de los vehículos es esencial para una operación segura y legal en las carreteras de California. A lo largo de este capítulo, exploraremos las diferentes clasificaciones de los vehículos, discutiremos los límites de peso, restricciones de tamaño y proporcionaremos pautas importantes para ayudarte a navegar estos requisitos de manera efectiva.

Clasificación de vehículos

Los vehículos se pueden categorizar ampliamente en diferentes tipos según su propósito y diseño. Los vehículos de pasajeros se utilizan principalmente para el transporte de personas, mientras que los vehículos comerciales están destinados a fines comerciales. También existen vehículos especializados que tienen consideraciones únicas de tamaño y peso debido a sus funciones específicas. Es importante comprender las diferencias entre estas categorías para garantizar el cumplimiento de las regulaciones correspondientes.

Índice de Peso Bruto del Vehículo (GVWR)

El Índice de Peso Bruto del Vehículo (GVWR) es una especificación importante que determina el peso máximo que un vehículo puede transportar de manera segura, incluido el vehículo en sí y su carga. Es crucial conocer el GVWR de tu vehículo, ya que exceder este límite puede comprometer su estabilidad, capacidad de frenado y seguridad general. Por lo general, se puede determinar el GVWR consultando la documentación del fabricante del vehículo o la etiqueta adherida al mismo.

Límites y restricciones de peso

Se establecen diversos límites y restricciones de peso para mantener la integridad de la infraestructura vial y garantizar condiciones de conducción seguras. Los límites de peso máximo por eje dictan el peso máximo que puede soportar cada eje de un vehículo, evitando un estrés excesivo en la superficie de la carretera. El Peso Bruto del Vehículo máximo (GVW) es el peso total de un vehículo cargado, incluida su carga. Cumplir con los requisitos de distribución de peso, como se detalla en la Fórmula del Puente, es crucial para evitar daños a los puentes y mantener la seguridad vial.

Restricciones de tamaño

Además de los límites de peso, también existen restricciones en el tamaño de los vehículos. Las limitaciones de longitud del vehículo tienen como objetivo evitar que los vehículos excesivamente largos obstaculicen el flujo del tráfico o causen dificultades en las maniobras. Las restricciones de ancho del vehículo se establecen para garantizar que los vehículos puedan circular de manera segura por las carreteras, especialmente en carriles estrechos o áreas congestionadas. Los requisitos de altura del vehículo ayudan a prevenir colisiones con estructuras superiores, como puentes y túneles.

Vehículos especializados y excepciones

Algunos vehículos pueden superar los límites de tamaño y peso estándar debido a su naturaleza especializada. Los vehículos sobredimensionados y sobrepesados, como aquellos involucrados en el transporte de cargas grandes o pesadas, pueden requerir permisos especiales para operar legalmente. Estos permisos garantizan que se tomen precauciones adecuadas y se implementen medidas de seguridad para mitigar cualquier riesgo potencial asociado con su tamaño y peso. Los vehículos recreativos, como autocaravanas y remolques, también pueden tener regulaciones específicas para garantizar su uso seguro y adecuado en la carretera.

Conclusión

Comprender y cumplir con los límites de tamaño y peso de los vehículos es esencial para una operación segura y legal en las carreteras de California. Al familiarizarte con las clasificaciones de los vehículos, los límites de peso, las restricciones de tamaño y las excepciones que puedan aplicarse, puedes garantizar el cumplimiento de las regulaciones establecidas por el DMV de California. Recuerda que estos límites y restricciones se establecen para mantener la seguridad vial, proteger la infraestructura y promover un flujo de tráfico eficiente. Al conducir dentro de los límites de tamaño y peso designados, contribuyes a una experiencia de conducción más segura y agradable para todos en la carretera.

Con fines de entrenamiento, puedes marcar el símbolo ▢ junto a lo que creas que es la respuesta correcta. Una vez que hayas seleccionado la respuesta correcta, usa un lápiz o bolígrafo para marcar el símbolo ▢ junto a esa respuesta.

Examen de límites de tamaño y peso del vehículo

1. ¿Cuál es el límite de peso máximo permitido para un vehículo de clase C en California?

A. ▢ 8,000 libras

B. ▢ 10,000 libras

C. ▢ 26,000 libras

D. ▢ 40,000 libras

2. ¿Cuál es el límite de altura máxima permitida para un vehículo en California?

A. ▢ 12 pies

B. ▢ 14 pies

C. ▢ 16 pies

D. ▢ 18 pies

3. ¿Qué tipo de vehículo está sujeto a restricciones de ancho en California?

A. ▢ Automóviles de pasajeros

B. ▢ Camiones de carga

C. ▢ Remolques de carga

D. ▢ Motocicletas

4. ¿Cuál es el límite de longitud máxima permitida para un remolque en California?

A. ▢ 30 pies

B. ▢ 40 pies

C. ▢ 48 pies

D. ▢ 53 pies

5. Verdadero o Falso: Los vehículos recreativos (RV) tienen límites de tamaño y peso especiales en California.

    A. ▢ Verdadero
    B. ▢ Falso

6. ¿Qué se requiere para transportar una carga que excede los límites de tamaño o peso en California?

    A. ▢ Un permiso especial
    B. ▢ Una licencia de conducir comercial
    C. ▢ Una inspección técnica
    D. ▢ Un seguro adicional

7. ¿Cuál es el límite de peso máximo permitido para un vehículo de clase B en California?

    A. ▢ 26,000 libras
    B. ▢ 36,000 libras
    C. ▢ 46,000 libras
    D. ▢ 56,000 libras

8. ¿Cuál es el límite de peso máximo permitido para un vehículo de clase A en California?

    A. ▢ 26,000 libras
    B. ▢ 36,000 libras
    C. ▢ 46,000 libras
    D. ▢ 56,000 libras

9. ¿Cuál es el límite de peso máximo permitido para un vehículo de clase C con licencia comercial en California?

A. ▢ 8,000 libras

B. ▢ 10,000 libras

C. ▢ 26,000 libras

D. ▢ 40,000 libras

10. ¿Cuál es el límite de peso máximo permitido para un camión de remolque de tres ejes en California?

A. ▢ 48,000 libras

B. ▢ 54,000 libras

C. ▢ 60,000 libras

D. ▢ 70,000 libras

11. ¿Qué tipo de vehículo está sujeto a restricciones de peso en los puentes y carreteras en California?

A. ▢ Motocicletas

B. ▢ Automóviles de pasajeros

C. ▢ Camiones de carga

D. ▢ Vehículos recreativos (RV)

12. Verdadero o Falso: Los remolques de carga no tienen restricciones de peso en California.

A. ▢ Verdadero

B. ▢ Falso

13. ¿Cuál es el límite de peso máximo permitido para un vehículo de clase M en California?

A. ◻ 10,000 libras

B. ◻ 14,000 libras

C. ◻ 18,000 libras

D. ◻ 26,000 libras

14. ¿Qué se requiere para transportar una carga sobredimensionada en California?

A. ◻ Un permiso especial

B. ◻ Una licencia de conducir comercial

C. ◻ Una inspección de seguridad

D. ◻ Un seguro adicional

15. ¿Cuál es el límite de peso máximo permitido para un vehículo de emergencia en California?

A. ◻ 20,000 libras

B. ◻ 26,000 libras

C. ◻ 36,000 libras

D. ◻ 46,000 libras

Respuestas correctas para el examen de límites de tamaño y peso del vehículo

1. **C** - 26,000 libras
2. **A** - 12 pies
3. **C** - Remolques de carga
4. **D** - 53 pies
5. **Verdadero**
6. **A** - Un permiso especial
7. **A** - 26,000 libras
8. **D** - 56,000 libras
9. **C** - 26,000 libras
10. **C** - 60,000 libras
11. **C** - Camiones de carga
12. **B** - Falso
13. **A** - 10,000 libras
14. **A** - Un permiso especial
15. **C** - 36,000 libras

Examen de límites de tamaño y peso del vehículo 2

1. ¿Cuál es el límite de peso para un vehículo de Clase C en California?

A. ☐ 16,000 libras

B. ☐ 20,000 libras

C. ☐ 24,000 libras

D. ☐ 28,000 libras

2. ¿Cuál es el límite de altura permitido para un vehículo de carga en California?

A. ☐ 13 pies

B. ☐ 14 pies

C. ☐ 15 pies

D. ☐ 16 pies

3. ¿Qué tipo de vehículo generalmente tiene una longitud máxima de 40 pies en California?

A. ☐ Autobuses escolares

B. ☐ Remolques recreativos

C. ☐ Remolques de carga

D. ☐ Camiones de bomberos

4. ¿Cuál es el límite de peso para un vehículo de Clase A en California?

A. ☐ 10,000 libras

B. ☐ 12,000 libras

C. ☐ 14,000 libras

D. ☐ 16,000 libras

5. ¿Cuál es el límite de altura permitido para un vehículo de pasajeros en California?

A. ▢ 12 pies
B. ▢ 13 pies
C. ▢ 14 pies
D. ▢ 15 pies

6. ¿Qué tipo de vehículo generalmente tiene una longitud máxima de 75 pies en California?

A. ▢ Camiones de remolque
B. ▢ Autobuses urbanos
C. ▢ Autobuses escolares
D. ▢ Vehículos recreativos de gran tamaño

7. ¿Cuál es el límite de peso para un vehículo de Clase B en California?

A. ▢ 18,000 libras
B. ▢ 20,000 libras
C. ▢ 22,000 libras
D. ▢ 24,000 libras

8. ¿Cuál es el límite de altura permitido para un camión de basura en California?

A. ▢ 12 pies
B. ▢ 13 pies
C. ▢ 14 pies
D. ▢ 15 pies

9. ¿Qué tipo de vehículo generalmente tiene una longitud máxima de 45 pies en California?

A. ▢ Autobuses urbanos

B. ▢ Vehículos recreativos

C. ▢ Camiones de remolque

D. ▢ Vehículos de servicio público

10. ¿Cuál es el límite de peso para un vehículo de Clase M1 en California?

A. ▢ 400 libras

B. ▢ 500 libras

C. ▢ 600 libras

D. ▢ 700 libras

11. ¿Cuál es el límite de altura permitido para una moto en California?

A. ▢ 10 pies

B. ▢ 11 pies

C. ▢ 12 pies

D. ▢ 13 pies

12. ¿Qué tipo de vehículo generalmente tiene una longitud máxima de 30 pies en California?

A. ▢ Camiones de entrega

B. ▢ Camiones de remolque

C. ▢ Autobuses de tránsito

D. ▢ Vehículos recreativos compactos

13. ¿Cuál es el límite de peso para un vehículo de Clase C en California?

A. ▢ 16,000 libras

B. ▢ 18,000 libras

C. ▢ 20,000 libras

D. ▢ 22,000 libras

14. ¿Cuál es el límite de altura permitido para una ambulancia en California?

A. ▢ 11 pies

B. ▢ 12 pies

C. ▢ 13 pies

D. ▢ 14 pies

15. ¿Qué tipo de vehículo generalmente tiene una longitud máxima de 60 pies en California?

A. ▢ Autobuses articulados

B. ▢ Camiones de reparto

C. ▢ Vehículos recreativos de lujo

D. ▢ Camiones cisterna

Respuestas correctas para el examen de límites de tamaño y peso del vehículo 2

1. **A-** 16,000 libras

2. **B-** 14 pies

3. **C-** Remolques de carga

4. **B-** 12,000 libras

5. **C-** 14 pies

6. **A-** Camiones de remolque

7. **D-** 24,000 libras

8. **C-** 14 pies

9. **A-** Autobuses urbanos

10. **B-** 500 libras

11. **C-** 12 pies

12. **A-** Camiones de entrega

13. **A-** 16,000 libras

14. **C-** 13 pies

15. **A-** Autobuses articulados.

Examen de límites de tamaño y peso del vehículo 3

1. ¿Cuál es el límite de peso permitido para un vehículo de Clase A en California?

A. ▢ 12,000 libras
B. ▢ 14,000 libras
C. ▢ 16,000 libras
D. ▢ 18,000 libras

2. ¿Cuál es el límite de altura permitido para un camión de mudanza en California?

A. ▢ 13 pies
B. ▢ 14 pies
C. ▢ 15 pies
D. ▢ 16 pies

3. ¿Qué tipo de vehículo generalmente tiene una longitud máxima de 35 pies en California?

A. ▢ Camiones de volteo
B. ▢ Autobuses de turismo
C. ▢ Vehículos recreativos pequeños
D. ▢ Remolques de carga

4. ¿Cuál es el límite de peso permitido para un vehículo de Clase M2 en California?

A. ▢ 22,000 libras
B. ▢ 24,000 libras
C. ▢ 26,000 libras
D. ▢ 28,000 libras

5. ¿Cuál es el límite de altura permitido para una grúa móvil en California?

A. ▢ 16 pies
B. ▢ 17 pies
C. ▢ 18 pies
D. ▢ 19 pies

6. ¿Qué tipo de vehículo generalmente tiene una longitud máxima de 25 pies en California?

A. ☐ Furgonetas de reparto
B. ☐ Autobuses de tránsito ligero
C. ☐ Camiones de basura
D. ☐ Vehículos de construcción

7. ¿Cuál es el límite de peso permitido para un vehículo de Clase B en California?

A. ☐ 20,000 libras
B. ☐ 22,000 libras
C. ☐ 24,000 libras
D. ☐ 26,000 libras

8. ¿Cuál es el límite de altura permitido para un camión de reparto en California?

A. ☐ 12 pies
B. ☐ 13 pies
C. ☐ 14 pies
D. ☐ 15 pies

9. ¿Qué tipo de vehículo generalmente tiene una longitud máxima de 55 pies en California?

A. ☐ Remolques de carga refrigerada
B. ☐ Autobuses de turismo de gran tamaño
C. ☐ Camiones de remolque con carga pesada
D. ☐ Vehículos recreativos de lujo

10. ¿Cuál es el límite de peso permitido para un vehículo de Clase C en California?

A. ☐ 18,000 libras
B. ☐ 20,000 libras
C. ☐ 22,000 libras
D. ☐ 24,000 libras

11. ¿Cuál es el límite de altura permitido para un camión de bomberos en California?

A. ▢ 11 pies
B. ▢ 12 pies
C. ▢ 13 pies
D. ▢ 14 pies

12. ¿Qué tipo de vehículo generalmente tiene una longitud máxima de 45 pies en California?

A. ▢ Remolques de carga
B. ▢ Camiones de basura
C. ▢ Autobuses escolares
D. ▢ Camiones de reparto

13. ¿Cuál es el límite de peso permitido para un vehículo de Clase A en California?

A. ▢ 16,000 libras
B. ▢ 18,000 libras
C. ▢ 20,000 libras
D. ▢ 22,000 libras

14. ¿Cuál es el límite de altura permitido para una ambulancia en California?

A. ▢ 11 pies
B. ▢ 12 pies
C. ▢ 13 pies
D. ▢ 14 pies

15. ¿Qué tipo de vehículo generalmente tiene una longitud máxima de 60 pies en California?

A. ▢ Autobuses articulados
B. ▢ Camiones de reparto
C. ▢ Vehículos recreativos de lujo
D. ▢ Camiones cisterna

Respuestas correctas para el examen de límites de tamaño y peso del vehículo 3

1. **C**- 16,000 libras
2. **D**- 16 pies
3. **C**- Vehículos recreativos pequeños
4. **A**- 22,000 libras
5. **C**- 18 pies
6. **A**- Furgonetas de reparto
7. **C**- 24,000 libras
8. **C**- 14 pies
9. **B**- Autobuses de turismo de gran tamaño
10. **A**- 18,000 libras
11. **C**- 13 pies
12. **A**- Remolques de carga
13. **A**- 16,000 libras
14. **C**- 13 pies
15. **A**- Autobuses articulados.

Examen de límites de tamaño y peso del vehículo 4

1. ¿Cuál es el límite de peso permitido para un vehículo de Clase B en California?

A. ▢ 20,000 libras
B. ▢ 22,000 libras
C. ▢ 24,000 libras
D. ▢ 26,000 libras

2. ¿Cuál es el límite de altura permitido para un camión de volteo en California?

A. ▢ 12 pies
B. ▢ 13 pies
C. ▢ 14 pies
D. ▢ 15 pies

3. ¿Qué tipo de vehículo generalmente tiene una longitud máxima de 40 pies en California?

A. ▢ Autobuses escolares
B. ▢ Remolques de carga
C. ▢ Camiones de reparto
D. ▢ Vehículos recreativos pequeños

4. ¿Cuál es el límite de peso permitido para un vehículo de Clase A en California?

A. ▢ 16,000 libras
B. ▢ 18,000 libras
C. ▢ 20,000 libras
D. ▢ 22,000 libras

5. ¿Cuál es el límite de altura permitido para un remolque en California?

A. ▢ 12 pies
B. ▢ 13 pies
C. ▢ 14 pies
D. ▢ 15 pies

6. ¿Qué tipo de vehículo generalmente tiene una longitud máxima de 30 pies en California?

A. ▢ Autobuses de tránsito ligero
B. ▢ Camiones de basura
C. ▢ Vehículos de construcción
D. ▢ Vehículos recreativos de lujo

7. ¿Cuál es el límite de peso permitido para un vehículo de Clase C en California?

A. ▢ 18,000 libras
B. ▢ 20,000 libras
C. ▢ 22,000 libras
D. ▢ 24,000 libras

8. ¿Cuál es el límite de altura permitido para una grúa móvil en California?

A. ▢ 16 pies
B. ▢ 17 pies
C. ▢ 18 pies
D. ▢ 19 pies

9. ¿Qué tipo de vehículo generalmente tiene una longitud máxima de 50 pies en California?

A. ▢ Camiones cisterna
B. ▢ Remolques de carga refrigerada
C. ▢ Autobuses de turismo de gran tamaño
D. ▢ Camiones de remolque con carga pesada

10. ¿Cuál es el límite de peso permitido para un vehículo de Clase M2 en California?

A. ▢ 22,000 libras
B. ▢ 24,000 libras
C. ▢ 26,000 libras
D. ▢ 28,000 libras

11. ¿Cuál es el límite de altura permitido para un camión de basura en California?

   A. ▢ 14 pies
   B. ▢ 15 pies
   C. ▢ 16 pies
   D. ▢ 17 pies

12. ¿Qué tipo de vehículo generalmente tiene una longitud máxima de 55 pies en California?

   A. ▢ Autobuses articulados
   B. ▢ Remolques de carga
   C. ▢ Vehículos de construcción
   D. ▢ Vehículos recreativos de lujo

13. ¿Cuál es el límite de peso permitido para un vehículo de Clase B en California?

   A. ▢ 20,000 libras
   B. ▢ 22,000 libras
   C. ▢ 24,000 libras
   D. ▢ 26,000 libras

14. ¿Cuál es el límite de altura permitido para un autobús escolar en California?

   A. ▢ 11 pies
   B. ▢ 12 pies
   C. ▢ 13 pies
   D. ▢ 14 pies

15. ¿Qué tipo de vehículo generalmente tiene una longitud máxima de 60 pies en California?

   A. ▢ Autobuses articulados
   B. ▢ Remolques de carga
   C. ▢ Vehículos recreativos de lujo
   D. ▢ Camiones cisterna

Respuestas correctas para el examen de límites de tamaño y peso del vehículo 4

1. **C** -24,000 libras

2. **B** -13 pies

3. **B** -Remolques de carga

4. **A** -16,000 libras

5. **C** -14 pies

6. **A** -Autobuses de tránsito ligero

7. **B** -20,000 libras

8. **C** -18 pies

9. **C** -Autobuses de turismo de gran tamaño

10. **B** -24,000 libras, 11. B-15 pies

11. **B**- 15 pies

12. **A** -Autobuses articulados

13. **A** -20,000 libras

14. **C** -13 pies

15. **A** -Autobuses articulados.

Examen de límites de tamaño y peso del vehículo 5

1. ¿Cuál es el límite de peso permitido para un vehículo de Clase C en California?

   A. ▢ 18,000 libras

   B. ▢ 20,000 libras

   C. ▢ 22,000 libras

   D. ▢ 24,000 libras

2. ¿Cuál es el límite de altura permitido para un camión de remolque en California?

   A. ▢ 14 pies

   B. ▢ 15 pies

   C. ▢ 16 pies

   D. ▢ 17 pies

3. ¿Qué tipo de vehículo generalmente tiene una longitud máxima de 40 pies en California?

   A. ▢ Autobuses escolares

   B. ▢ Remolques de carga

   C. ▢ Camiones de reparto

   D. ▢ Vehículos recreativos pequeños

4. ¿Cuál es el límite de peso permitido para un vehículo de Clase A en California?

   A. ▢ 16,000 libras

   B. ▢ 18,000 libras

   C. ▢ 20,000 libras

   D. ▢ 22,000 libras

5. ¿Cuál es el límite de altura permitido para un remolque en California?

A. ▢ 12 pies

B. ▢ 13 pies

C. ▢ 14 pies

D. ▢ 15 pies

6. ¿Qué tipo de vehículo generalmente tiene una longitud máxima de 30 pies en California?

A. ▢ Autobuses de tránsito ligero

B. ▢ Camiones de basura

C. ▢ Vehículos de construcción

D. ▢ Vehículos recreativos de lujo

7. ¿Cuál es el límite de peso permitido para un vehículo de Clase B en California?

A. ▢ 20,000 libras

B. ▢ 22,000 libras

C. ▢ 24,000 libras

D. ▢ 26,000 libras

8. ¿Cuál es el límite de altura permitido para una grúa móvil en California?

A. ▢ 16 pies

B. ▢ 17 pies

C. ▢ 18 pies

D. ▢ 19 pies

9. ¿Qué tipo de vehículo generalmente tiene una longitud máxima de 50 pies en California?

A. ▢ Camiones cisterna

B. ▢ Remolques de carga refrigerada

C. ▢ Autobuses de turismo de gran tamaño

D. ▢ Camiones de remolque con carga pesada

10. ¿Cuál es el límite de peso permitido para un vehículo de Clase M2 en California?

A. ▢ 22,000 libras

B. ▢ 24,000 libras

C. ▢ 26,000 libras

D. ▢ 28,000 libras

11. ¿Cuál es el límite de altura permitido para un camión de basura en California?

A. ▢ 14 pies

B. ▢ 15 pies

C. ▢ 16 pies

D. ▢ 17 pies

12. ¿Qué tipo de vehículo generalmente tiene una longitud máxima de 60 pies en California?

A. ▢ Autobuses articulados

B. ▢ Remolques de carga

C. ▢ Vehículos recreativos de lujo

D. ▢ Camiones cisterna

13. ¿Cuál es el límite de peso permitido para un vehículo de Clase B en California?

A. ▢ 20,000 libras

B. ▢ 22,000 libras

C. ▢ 24,000 libras

D. ▢ 26,000 libras

14. ¿Cuál es el límite de altura permitido para un autobús escolar en California?

A. ▢ 11 pies

B. ▢ 12 pies

C. ▢ 13 pies

D. ▢ 14 pies

15. ¿Qué tipo de vehículo generalmente tiene una longitud máxima de 65 pies en California?

A. ▢ Autobuses articulados

B. ▢ Remolques de carga

C. ▢ Vehículos recreativos de lujo

D. ▢ Camiones cisterna

Respuestas correctas para el examen de límites de tamaño y peso del vehículo 5

1. **B** - 20,000 libras

2. **B** - 15 pies

3. **B** - Remolques de carga

4. **C** - 20,000 libras

5. **D** - 15 pies

6. **A** - Autobuses de tránsito ligero

7. **B** - 22,000 libras

8. **C** - 18 pies

9. **C** - Autobuses de turismo de gran tamaño

10. **B** - 24,000 libras

11. **C** - 16 pies

12. **A** - Autobuses articulados

13. **C** - 24,000 libras

14. **C** - 13 pies

15. **A** - Autobuses articulados.

Transporte público

Este capítulo se enfoca en el tema del transporte público en relación con el examen del Departamento de Vehículos Motorizados (DMV) de California. El transporte público desempeña un papel fundamental al proporcionar opciones de viaje convenientes y sostenibles para individuos y comunidades. Comprender las regulaciones, pautas y consideraciones relacionadas con el transporte público es esencial tanto para los conductores como para los pasajeros. A lo largo de este capítulo, exploramos diferentes modos de transporte público, discutiremos la seguridad de los pasajeros, la accesibilidad y proporcionaremos información importante para ayudarte a navegar este tema de manera efectiva.

Modos de Transporte Público:

El transporte público abarca varios modos de viaje, incluyendo autobuses, trenes, sistemas de tren ligero y transbordadores. Cada modo tiene un propósito específico y características y requisitos únicos. Es crucial familiarizarse con las características de estos modos, como los procedimientos de abordaje, los sistemas de tarifas y las paradas o estaciones designadas. Comprender las diferencias y similitudes entre estos modos te permitirá adaptarte y utilizar el transporte público de manera eficiente.

Seguridad de los Pasajeros:

Garantizar la seguridad de los pasajeros es una prioridad fundamental en el transporte público. Los operadores de transporte público deben cumplir con regulaciones y protocolos de seguridad para proteger a los pasajeros durante su viaje. Esto incluye el mantenimiento adecuado de los vehículos, la capacitación de los conductores en prácticas seguras de conducción, y la implementación de medidas de seguridad en las estaciones y paradas. Como pasajero, es importante seguir las instrucciones del personal del transporte público, respetar las normas de seguridad y utilizar los dispositivos de seguridad disponibles, como cinturones de seguridad y pasamanos.

Accesibilidad:

El transporte público debe ser accesible para todas las personas, incluyendo aquellos con discapacidades o necesidades especiales. Las regulaciones y leyes de accesibilidad garantizan que los servicios de transporte público sean adecuados y accesibles para todos. Esto incluye la disponibilidad de rampas o ascensores para sillas de ruedas, asientos reservados para personas con discapacidad, y sistemas de información y comunicación accesibles. Es importante respetar y brindar asistencia a las personas con discapacidad para garantizar que puedan acceder y utilizar el transporte público de manera segura y conveniente.

Tarifas y Boletos:

El transporte público generalmente opera con un sistema de tarifas y boletos para cubrir los costos de operación. Es importante estar familiarizado con el proceso de pago de tarifas, ya sea a través de boletos físicos o tarjetas de transporte recargables. Asegúrate de tener el pago adecuado y seguir las instrucciones para validar tu boleto o tarjeta correctamente. Además, ten en cuenta las políticas de transferencia y los horarios de operación, ya que pueden variar según el sistema de transporte público y la ubicación.

Consideraciones Ambientales y Sociales:

El transporte público desempeña un papel importante en la reducción del impacto ambiental y la congestión del tráfico. Al elegir utilizar el transporte público en lugar de vehículos privados, se contribuye a la disminución de la contaminación y la mejora de la calidad del aire. Además, el transporte público fomenta la interacción social y la conexión comunitaria al proporcionar oportunidades para conocer y compartir experiencias con otras personas. Aprovechar el transporte público también puede ser una forma económica y conveniente de viajar.

Conclusion:

El conocimiento y la comprensión del transporte público son fundamentales para aprovechar al máximo las opciones de viaje disponibles en California. Al comprender los diferentes modos de transporte, la seguridad de los pasajeros, la accesibilidad, las tarifas y las consideraciones ambientales y sociales, podrás utilizar el transporte público de manera eficiente y segura. Recuerda seguir las normas y regulaciones establecidas por el DMV de California, respetar las necesidades de otros pasajeros y contribuir a un sistema de transporte público sostenible y accesible para todos.

Con fines de entrenamiento, puedes marcar el símbolo ▢ junto a lo que creas que es la respuesta correcta. Una vez que hayas seleccionado la respuesta correcta, usa un lápiz o bolígrafo para marcar el símbolo ▢ junto a esa respuesta.

Examen de transporte público

1. ¿Cuál de los siguientes es un beneficio del uso del transporte público?

A. ▢ Reducción del tráfico

B. ▢ Mayor privacidad

C. ▢ Ahorro de combustible

D. ▢ Mayor flexibilidad de horarios

2. ¿Cuál es un ejemplo de transporte público en California?

A. ▢ Autobús

B. ▢ Motocicleta

C. ▢ Automóvil privado

D. ▢ Bicicleta

3. ¿Qué significa la sigla "BART" en el contexto del transporte público en California?

A. ▢ Bay Area Rapid Transit

B. ▢ Bus and Rail Transportation

C. ▢ Border Area Regional Transportation

D. ▢ Bayfront Area Railway Terminal

4. ¿Cuál de las siguientes opciones es una ventaja de utilizar el tren como medio de transporte público?

A. ▢ Mayor flexibilidad de rutas

B. ▢ Menor capacidad de pasajeros

C. ▢ Mayor consumo de combustible

D. ▢ Menor impacto ambiental

5. ¿Cuál de las siguientes opciones es una desventaja del uso del transporte público?

A. ☐ Mayor costo en comparación con el uso del automóvil privado

B. ☐ Mayor riesgo de accidentes

C. ☐ Menor accesibilidad a áreas remotas

D. ☐ Mayor consumo de combustible

6. ¿Cuál de las siguientes opciones describe mejor al metro como medio de transporte público?

A. ☐ Sistema de transporte subterráneo

B. ☐ Servicio de autobuses de larga distancia

C. ☐ Sistema de transporte fluvial

D. ☐ Red de rutas de ciclovías

7. ¿Cuál es el beneficio ambiental del uso del transporte público?

A. ☐ Reducción de la contaminación del aire

B. ☐ Aumento de la congestión del tráfico

C. ☐ Mayor emisión de gases de efecto invernadero

D. ☐ Incremento del consumo de energía

8. ¿Cuál de las siguientes opciones es una forma común de transporte público en áreas urbanas de California?

A. ☐ Tranvía

B. ☐ Motocicleta

C. ☐ Automóvil privado

D. ☐ Camión de carga

9. ¿Cuál de las siguientes opciones es un beneficio económico del uso del transporte público?

A. ▢ Ahorro de dinero en combustible y estacionamiento

B. ▢ Mayor costo de boletos en comparación con el uso del automóvil privado

C. ▢ Mayor gasto en mantenimiento del vehículo

D. ▢ Menor disponibilidad de rutas y horarios

10. ¿Cuál de las siguientes opciones es una característica común de los autobuses como medio de transporte público?

A. ▢ Paradas frecuentes en áreas residenciales

B. ▢ Mayor velocidad y capacidad de pasajeros

C. ▢ Menor flexibilidad de rutas

D. ▢ Uso exclusivo para transporte de carga

11. ¿Qué es un pase de tránsito?

A. ▢ Un boleto que permite el uso ilimitado del transporte público por un período de tiempo específico

B. ▢ Una multa por infracciones de tránsito

C. ▢ Un impuesto adicional para financiar el transporte público

D. ▢ Un seguro obligatorio para vehículos de transporte público

12. ¿Cuál de las siguientes opciones es una ventaja de utilizar el tranvía como medio de transporte público?

A. ▢ Mayor capacidad de pasajeros

B. ▢ Menor costo de boletos en comparación con otros medios de transporte

C. ▢ Mayor velocidad y flexibilidad de rutas

D. ▢ Menor impacto ambiental

13. ¿Qué es un sistema de transporte masivo?

A. ▢ Un sistema de transporte público utilizado por un gran número de personas

B. ▢ Un servicio de taxis privados

C. ▢ Un sistema de transporte exclusivo para empleados del gobierno

D. ▢ Un sistema de transporte reservado para personas con discapacidades

14. ¿Cuál de las siguientes opciones describe mejor a un transbordador como medio de transporte público?

A. ▢ Un servicio de transporte marítimo entre dos puntos

B. ▢ Un servicio de trenes de alta velocidad

C. ▢ Un sistema de teleférico en áreas montañosas

D. ▢ Un servicio de transporte aéreo para pasajeros

15. ¿Cuál de las siguientes opciones es un beneficio de utilizar el transporte público en términos de salud personal?

A. ▢ Mayor exposición a la contaminación del aire

B. ▢ Mayor riesgo de accidentes de tránsito

C. ▢ Mayor oportunidad para realizar ejercicio físico

D. ▢ Menor posibilidad de socializar con otros pasajeros

Respuestas correctas para el examen de transporte público

1. A - Reducción del tráfico

2. A - Autobús

3. A - Bay Area Rapid Transit

4. D - Menor impacto ambiental

5. A - Mayor costo en comparación con el uso del automóvil privado

6. A - Sistema de transporte subterráneo

7. A - Reducción de la contaminación del aire

8. A - Tranvía

9. A - Ahorro de dinero en combustible y estacionamiento

10. A - Paradas frecuentes en áreas residenciales

11. A - Un boleto que permite el uso ilimitado del transporte público por un período de tiempo específico

12. D - Menor impacto ambiental

13. A - Un sistema de transporte público utilizado por un gran número de personas

14. A - Un servicio de transporte marítimo entre dos puntos

15. C - Mayor oportunidad para realizar ejercicio físico

Examen de transporte público 2

1. ¿Cuál es el principal beneficio del transporte público en las áreas urbanas?

　A. ☐ Reducción del tráfico

　B. ☐ Mayor comodidad

　C. ☐ Acceso exclusivo

　D. ☐ Tarifas más bajas

2. ¿Cuál de las siguientes opciones es un medio de transporte público terrestre?

　A. ☐ Metro

　B. ☐ Avión

　C. ☐ Barco

　D. ☐ Tren de carga

3. ¿Qué significa BART en inglés?

　A. ☐ Bay Area Rapid Transit

　B. ☐ Bus and Rail Transit

　C. ☐ Bicycle and Road Transportation

　D. ☐ Bridge and Rail Terminal

4. ¿Cuál es el medio de transporte público más utilizado en las ciudades?

　A. ☐ Autobús

　B. ☐ Tranvía

　C. ☐ Taxi

　D. ☐ Bicicleta

5. ¿Cuál es la ventaja ambiental del uso del transporte público?

A. ▢ Reducción de la contaminación del aire

B. ▢ Mayor consumo de combustible

C. ▢ Generación de residuos

D. ▢ Mayor emisión de gases de efecto invernadero

6. ¿Cuál de las siguientes opciones es una característica común del transporte público?

A. ▢ Horarios flexibles

B. ▢ Privacidad garantizada

C. ▢ Rutas personalizadas

D. ▢ Capacidad para transportar grandes cargas

7. ¿Cuál de las siguientes opciones es un medio de transporte público acuático?

A. ▢ Ferry

B. ▢ Helicóptero

C. ▢ Moto acuática

D. ▢ Submarino

8. ¿Cuál de las siguientes opciones es un beneficio económico del uso del transporte público?

A. ▢ Ahorro en combustible

B. ▢ Mayor gasto en mantenimiento

C. ▢ Costos de estacionamiento más altos

D. ▢ Mayor desgaste de neumáticos

9. ¿Qué es un pase de transporte público?

    A. ▢ Un boleto que permite viajar en múltiples viajes

    B. ▢ Una tarjeta de crédito

    C. ▢ Un documento de identificación

    D. ▢ Un seguro de automóvil

10. ¿Cuál de las siguientes opciones es una desventaja del transporte público?

    A. ▢ Falta de flexibilidad en los horarios

    B. ▢ Mayor consumo de combustible

    C. ▢ Mayor costo de mantenimiento

    D. ▢ Mayor espacio de estacionamiento requerido

11. ¿Cuál es el principal objetivo del transporte público?

    A. ▢ Brindar una opción de transporte accesible y eficiente

    B. ▢ Maximizar los ingresos de la empresa de transporte

    C. ▢ Promover el uso de vehículos privados

    D. ▢ Reducir la congestión del tráfico en las carreteras

12. ¿Qué es una parada de autobús?

    A. ▢ Un lugar designado donde los autobuses recogen y dejan pasajeros

    B. ▢ Una tienda de reparación de automóviles

    C. ▢ Una estación de servicio de gasolina

    D. ▢ Una señal de tráfico

13. ¿Cuál de las siguientes opciones es una forma de transporte público en áreas rurales?

A. ▢ Servicio de autobús

B. ▢ Tranvía

C. ▢ Tren de alta velocidad

D. ▢ Metro subterráneo

14. ¿Qué es un transbordo en el transporte público?

A. ▢ Cambiar de un vehículo a otro durante un viaje

B. ▢ Recibir una multa de tráfico

C. ▢ Descargar aplicaciones móviles para rastrear el transporte público

D. ▢ Pasar por un punto de control de seguridad

15. ¿Cuál de las siguientes opciones es una forma de transporte público aéreo?

A. ▢ Avión comercial

B. ▢ Bicicleta

C. ▢ Moto acuática

D. ▢ Autobús de turismo

Respuestas correctas para el examen de transporte público 2

1. **A** - Reducción del tráfico
2. **A** - Metro
3. **A** - Bay Area Rapid Transit
4. **A** - Autobús
5. **A** - Reducción de la contaminación del aire
6. **A** - Horarios flexibles
7. **A** - Ferry
8. **A** - Ahorro en combustible
9. **A** - Un boleto que permite viajar en múltiples viajes
10. **A** - Falta de flexibilidad en los horarios
11. **A** - Brindar una opción de transporte accesible y eficiente
12. **A** - Un lugar designado donde los autobuses recogen y dejan pasajeros
13. **A** - Servicio de autobús
14. **A** - Cambiar de un vehículo a otro durante un viaje
15. **A** - Avión comercial

Examen de transporte público 3

1. ¿Cuál es el principal beneficio del transporte público en las ciudades congestionadas?

A. ▫ Reducción del tráfico

B. ▫ Mayor comodidad personal

C. ▫ Mayor privacidad

D. ▫ Mayor velocidad

2. ¿Cuál de las siguientes opciones es un tipo de transporte público subterráneo?

A. ▫ Tranvía

B. ▫ Tren ligero

C. ▫ Metro

D. ▫ Autobús

3. ¿Qué significa la sigla BART en relación con el transporte público?

A. ▫ Área de la Bahía de Rápido Tránsito

B. ▫ Sistema de Transporte Rápido

C. ▫ Red de Autobuses y Trenes

D. ▫ Sistema de Tránsito Metropolitano

4. ¿Cuál de las siguientes opciones es un ejemplo de transporte público en superficie?

A. ▢ Tranvía

B. ▢ Tren

C. ▢ Metro

D. ▢ Autobús

5. ¿Cuál es una ventaja del transporte público en términos de sostenibilidad ambiental?

A. ▢ Mayor consumo de combustible

B. ▢ Mayor emisión de gases contaminantes

C. ▢ Menor congestión del tráfico

D. ▢ Mayor ruido y contaminación visual

6. ¿Cuál de las siguientes opciones es una forma común de pago en el transporte público?

A. ▢ Efectivo

B. ▢ Tarjeta de crédito

C. ▢ Monedas

D. ▢ Tarjeta de transporte público

7. ¿Qué se entiende por "transbordo" en el contexto del transporte público?

A. ▢ El cambio de un medio de transporte a otro

B. ▢ La compra de boletos para varias personas

C. ▢ La reserva anticipada de asientos

D. ▢ El reembolso de un boleto no utilizado

8. ¿Cuál de las siguientes opciones es una ventaja del transporte público en términos de seguridad vial?

A. ▢ Mayor riesgo de accidentes

B. ▢ Mayor exposición al peligro

C. ▢ Menor congestión del tráfico

D. ▢ Mayor velocidad de desplazamiento

9. ¿Qué se entiende por "horario frecuente" en el transporte público?

A. ▢ Un horario limitado con pocas salidas

B. ▢ Un horario con salidas cada 10 minutos o menos

C. ▢ Un horario con salidas cada hora

D. ▢ Un horario que varía cada día

10. ¿Cuál de las siguientes opciones es un beneficio económico del transporte público?

A. ▢ Mayor costo de boletos

B. ▢ Mayor gasto en combustible

C. ▢ Menor costo de estacionamiento

D. ▢ Mayor costo de mantenimiento del vehículo

11. ¿Qué significa la sigla LRT en relación con el transporte público?

A. ▢ Tren Ligero

B. ▢ Servicio de Autobuses Rápidos

C. ▢ Red de Tranvías Locales

D. ▢ Sistema de Rápido Tránsito

12. ¿Cuál de las siguientes opciones es un ejemplo de transporte público compartido?

A. ▢ Taxi

B. ▢ Automóvil privado

C. ▢ Bicicleta personal

D. ▢ Scooter eléctrico

13. ¿Cuál de las siguientes opciones es una característica común de los carriles exclusivos para autobuses?

A. ▫ Permiten la circulación de automóviles particulares

B. ▫ Tienen un límite de velocidad más alto que los demás carriles

C. ▫ Permiten un desplazamiento más rápido de los autobuses

D. ▫ Prohíben el acceso de peatones

14. ¿Qué se entiende por "pase de abordar" en el contexto del transporte público?

A. ▫ Un paseo en bicicleta

B. ▫ Un boleto de ida y vuelta

C. ▫ Un documento que permite el acceso al transporte público

D. ▫ Un documento de identidad para el conductor de autobús

15. ¿Cuál de las siguientes opciones es un ejemplo de transporte público interurbano?

A. ▫ Metro

B. ▫ Autobús local

C. ▫ Tren de cercanías

D. ▫ Tranvía de la ciudad

Respuestas correctas para el examen de transporte público 3

1. **A.** Reducción del tráfico

2. **C.** Metro

3. **B.** Tarifas asequibles

4. **D.** Horarios regulares

5. **C.** Autobús

6. **B.** Tren ligero

7. **D.** Tranvía

8. **A.** Multimodal

9. **C.** Pago electrónico

10. **D.** Servicio de transporte para personas con discapacidades

11. **B.** Sostenibilidad ambiental

12. **A.** Estaciones de transferencia

13. **C.** Pasajero frecuente

14. **D**. Programas de incentivos

15. **B.** Aumento de la movilidad

Examen de transporte público 4

1. ¿Cuál de las siguientes opciones describe mejor el propósito principal del transporte público?

A.◻ Proporcionar transporte accesible y asequible para la población.

B.◻ Reducir la congestión del tráfico en las carreteras.

C.◻ Promover la sostenibilidad y protección del medio ambiente.

D.◻ Mejorar la movilidad y conectividad de las comunidades.

2. ¿Cuál de los siguientes modos de transporte público es más adecuado para viajes largos entre ciudades?

A.◻ Tren interurbano.

B.◻ Autobús local.

C.◻ Tranvía urbano.

D.◻ Metro subterráneo.

3. ¿Cuál es una ventaja de utilizar bicicletas compartidas como opción de transporte público?

A.◻ Contribuye a la reducción de la contaminación del aire.

B.◻ Permite un viaje más rápido en comparación con otros medios de transporte.

C.◻ Ofrece mayor comodidad y espacio para el usuario.

D.◻ Proporciona una opción de transporte más económica que otros modos.

4. ¿Cuál de las siguientes opciones es una característica clave de un sistema de transporte público eficiente?

A. ◻ Cobertura extensa en áreas suburbanas.

B. ◻ Poca frecuencia de horarios de servicio.

C. ◻ Tarifas elevadas para los usuarios.

D. ◻ Conexiones convenientes con otros modos de transporte.

5. ¿Cuál de las siguientes opciones es un beneficio común de utilizar el transporte público en lugar del vehículo privado?

A. ◻ Ahorro de costos en combustible y estacionamiento.

B. ◻ Mayor privacidad y comodidad durante el viaje.

C. ◻ Flexibilidad para cambiar de ruta en cualquier momento.

D. ◻ Mayor autonomía y control sobre el horario de viaje.

6. ¿Cuál de los siguientes elementos es esencial para garantizar la accesibilidad en el transporte público?

A. ◻ Rampas y ascensores en las estaciones y vehículos.

B. ◻ Programas de lealtad y descuentos para usuarios frecuentes.

C. ◻ Tarifas diferenciadas según la distancia del viaje.

D. ◻ Cámaras de seguridad y personal de seguridad en todo el sistema.

7. ¿Qué beneficio directo ofrece el uso de carriles exclusivos para el transporte público?

A. ◻ Mayor velocidad y puntualidad de los vehículos de transporte público.

B. ◻ Reducción de la capacidad de carga de las vías principales.

C. ◻ Aumento de la congestión del tráfico en las calles adyacentes.

D. ◻ Mayor flexibilidad en la asignación de espacios para estacionamiento.

8. ¿Cuál de las siguientes opciones es una función clave de los centros de tránsito en el transporte público?

A.□ Proporcionar servicios de entretenimiento y recreación para los usuarios.

B.□ Facilitar la transferencia entre diferentes modos de transporte.

C.□ Ofrecer servicios de mantenimiento y reparación de vehículos públicos.

D.□ Promover el uso exclusivo de transporte privado en áreas urbanas.

9. ¿Cuál de las siguientes opciones describe mejor el concepto de "última milla" en el transporte público?

A.□ La distancia final que un usuario debe recorrer desde la parada hasta su destino.

B.□ La última etapa de un recorrido de transporte público antes de llegar a una terminal.

C.□ El último día del mes en el que los boletos de transporte público expiran.

D.□ El último punto de venta de boletos antes de ingresar a un vehículo de transporte público.

10. ¿Cuál de las siguientes opciones describe mejor la función de un horario de transporte público?

A.□ Proporcionar información sobre las rutas y los tiempos de llegada de los vehículos.

B.□ Establecer los precios y las tarifas para los diferentes modos de transporte.

C.□ Regular el número de usuarios permitidos en cada vehículo.

D.□ Controlar la emisión de gases contaminantes por parte de los vehículos públicos.

11. ¿Cuál de los siguientes elementos contribuye a una experiencia de viaje segura en el transporte público?

A.□ Personal de seguridad y presencia policial en las estaciones y vehículos.

B.□ Cantidad ilimitada de pasajeros permitidos en cada vehículo.

C.□ Uso de dispositivos electrónicos y teléfonos móviles durante el viaje.

D.□ Falta de medidas de seguridad, como cámaras de vigilancia y sistemas de emergencia.

12. ¿Cuál de las siguientes opciones describe mejor el concepto de "tarifa de congestión" en el transporte público?

A.□ Un cargo adicional para los usuarios que viajan en horas pico de mayor demanda.

B.□ Un descuento especial para los usuarios frecuentes del transporte público.

C.□ Una tarifa plana para todos los viajes dentro de una determinada área geográfica.

D.□ Un impuesto aplicado a todos los vehículos que ingresan a zonas urbanas congestionadas.

13. ¿Cuál de los siguientes elementos es una característica clave de un sistema de transporte público sostenible?

A.□ Uso exclusivo de vehículos privados de alta capacidad.

B.□ Enfoque en la construcción de carreteras y autopistas adicionales.

C.□ Incorporación de vehículos eléctricos y uso de energías renovables.

D.□ Promoción del transporte individual en lugar del transporte compartido.

14. ¿Cuál de las siguientes opciones describe mejor el concepto de "transbordo" en el transporte público?

A.□ Cambiar de una ruta de autobús a otra dentro de la misma línea.

B.□ Transferir de un modo de transporte a otro para completar un viaje.

C.□ Cambiar de un carril de tránsito a otro en una autopista.

D.□ Realizar una parada temporal en una estación de servicio durante un viaje.

15. ¿Cuál de las siguientes opciones es un beneficio común de tener carriles exclusivos para bicicletas en el transporte público?

A.□ Mayor seguridad y protección para los ciclistas.

B.□ Reducción de la capacidad de carga de las carreteras principales.

C.□ Mayor congestión del tráfico en las áreas urbanas.

D.□ Incentivos fiscales para los usuarios de bicicletas públicas.

Respuestas correctas para el examen de transporte público 4

1. A. Promover el uso del transporte público y reducir el tráfico en las carreteras.

2. B. Ofrecer una alternativa de transporte más económica y accesible para los usuarios.

3. C. Mejorar la movilidad y la accesibilidad en áreas urbanas y metropolitanas.

4. D. Contribuir a la reducción de emisiones contaminantes y mejorar la calidad del aire.

5. A. Permitir una mayor eficiencia y capacidad de transporte de pasajeros.

6. B. Proporcionar una opción de transporte más cómoda y segura para los usuarios.

7. D. Fomentar un estilo de vida más saludable y activo al promover el caminar y el ciclismo.

8. C. Promover la coordinación y la integración de diferentes modos de transporte público.

9. A. La distancia final que un usuario debe recorrer desde la parada hasta su destino.

10. A. Proporcionar información sobre las rutas y los tiempos de llegada de los vehículos.

11. A. Personal de seguridad y presencia policial en las estaciones y vehículos.

12. A. Un cargo adicional para los usuarios que viajan en horas pico de mayor demanda.

13. C. Incorporación de vehículos eléctricos y uso de energías renovables.

14. B. Transferir de un modo de transporte a otro para completar un viaje.

15. A. Mayor seguridad y protección para los ciclistas.

Examen de transporte público 5

1. ¿Cuál es uno de los beneficios del transporte público para la comunidad?

A.▢ Reducción del tráfico y congestión en las calles.

B.▢ Mayor demanda de combustibles fósiles.

C.▢ Mayor uso de automóviles privados.

D.▢ Mayor contaminación del aire.

2. ¿Qué objetivo tiene el sistema de transporte público?

A.▢ Facilitar el desplazamiento de personas en áreas urbanas.

B.▢ Fomentar el uso exclusivo de automóviles privados.

C.▢ Restringir el acceso a servicios de transporte.

D.▢ Limitar la movilidad de la población.

3. ¿Cuál es una característica clave de un sistema de transporte público eficiente?

A.▢ Amplia cobertura de rutas y frecuencias de servicio.

B.▢ Restricciones en la accesibilidad y disponibilidad.

C.▢ Tarifas elevadas y poco asequibles.

D.▢ Falta de opciones de transporte alternativas.

4. ¿Cuál es el propósito principal de las paradas de transporte público?

A. ☐ Permitir la recogida y bajada de pasajeros.

B. ☐ Controlar el flujo de tráfico en las calles.

C. ☐ Proporcionar áreas de estacionamiento para vehículos.

D. ☐ Limitar el acceso a ciertas áreas de la ciudad.

5. ¿Qué significa el término "transbordo" en el contexto del transporte público?

A. ☐ Cambiar de un vehículo o línea a otro para completar un viaje.

B. ☐ Suspender temporalmente el servicio de transporte público.

C. ☐ Reducir la velocidad de los vehículos en las calles.

D. ☐ Establecer restricciones en el acceso a ciertas áreas de la ciudad.

6. ¿Cuál es el propósito principal de la señalización en el transporte público?

A. ☐ Proporcionar información sobre las rutas y horarios de los vehículos.

B. ☐ Limitar el acceso a ciertos grupos de pasajeros.

C. ☐ Promover la congestión y el tráfico en las calles.

D. ☐ Restringir la capacidad de los vehículos de transporte.

7. ¿Cuál de las siguientes opciones es un tipo común de transporte público?

A. ☐ Autobús.

B. ☐ Motocicleta.

C. ☐ Bicicleta.

D.☐ Automóvil privado.

8. ¿Cuál es uno de los desafíos que enfrenta el transporte público?

A.☐ Congestión del tráfico y retrasos en los tiempos de viaje.

B.☐ Exceso de capacidad y falta de demanda.

C.☐ Acceso limitado a servicios de transporte alternativos.

D.☐ Mayor contaminación del aire en comparación con los automóviles privados.

9. ¿Qué significa el término "intermodalidad" en el transporte público?

A.☐ Integración de diferentes modos de transporte en un sistema coordinado.

B.☐ Restricciones en la capacidad de los vehículos de transporte público.

C.☐ Uso exclusivo de un solo modo de transporte en todas las áreas.

D.☐ Limitación del acceso a ciertos grupos de pasajeros.

10. ¿Cuál es una medida común para mejorar la seguridad en el transporte público?

A.☐ Mayor presencia de personal de seguridad y vigilancia en las estaciones.

B.☐ Restricción del acceso a servicios de transporte a ciertos grupos de pasajeros.

C.☐ Mayor congestión y retrasos en los tiempos de viaje.

D.☐ Aumento de tarifas y reducción de la disponibilidad del servicio.

11. ¿Qué papel desempeñan las tarifas en el sistema de transporte público?

A. ▢ Contribuir a la financiación y sostenibilidad del servicio.

B. ▢ Limitar el acceso y disponibilidad del transporte público.

C. ▢ Proporcionar beneficios exclusivos para ciertos grupos de pasajeros.

D. ▢ Reducir la eficiencia y capacidad del sistema de transporte.

12. ¿Cuál es uno de los impactos ambientales positivos del uso del transporte público?

A. ▢ Reducción de emisiones contaminantes y mejora de la calidad del aire.

B. ▢ Mayor consumo de combustibles fósiles y aumento de la contaminación.

C. ▢ Restricción del acceso a áreas urbanas y metropolitanas.

D. ▢ Mayor congestión del tráfico y empeoramiento de la calidad del aire.

13. ¿Cuál es una ventaja social del transporte público?

A. ▢ Promoción de la inclusión y accesibilidad para todos los grupos de la sociedad.

B. ▢ Restricción del acceso a servicios de transporte a ciertos grupos de pasajeros.

C. ▢ Mayor congestión del tráfico y limitación de la movilidad de la población.

D. ▢ Exclusividad de beneficios para ciertos grupos socioeconómicos.

14. ¿Cuál es uno de los desafíos de accesibilidad en el transporte público?

A. ▢ La falta de infraestructura adecuada para personas con discapacidad.

B. ▢ La promoción de sistemas de transporte privados en lugar de públicos.

C. ▢ Mayor capacidad y eficiencia en el transporte de pasajeros.

D. ☐ Restricción del acceso a ciertas áreas urbanas y metropolitanas.

15. ¿Cuál es uno de los beneficios económicos del transporte público?

A. ☐ Reducción de los costos de transporte para los usuarios.

B. ☐ Aumento de la congestión del tráfico y los tiempos de viaje.

C. ☐ Mayor inversión en infraestructura para vehículos privados.

D. ☐ Mayor exclusividad de beneficios para ciertos grupos socioeconómicos.

Respuestas correctas para el examen de transporte público 5

1. A - Reducción del tráfico y congestión en las calles.

2. A - Facilitar el desplazamiento de personas en áreas urbanas.

3. A - Amplia cobertura de rutas y frecuencias de servicio.

4. A - Permitir la recogida y bajada de pasajeros.

5. A - Cambiar de un vehículo o línea a otro para completar un viaje.

6. A - Proporcionar información sobre las rutas y horarios de los vehículos.

7. A - Autobús.

8. A - Congestión del tráfico y retrasos en los tiempos de viaje.

9. A - Integración de diferentes modos de transporte en un sistema coordinado.

10. A - Mayor presencia de personal de seguridad y vigilancia en las estaciones.

11. A - Contribuir a la financiación y sostenibilidad del servicio.

12. A - Reducción de emisiones contaminantes y mejora de la calidad del aire.

13. A - Promoción de la inclusión y accesibilidad para todos los grupos de la sociedad.

14. A - La falta de infraestructura adecuada para personas con discapacidad.

15. A - Reducción de los costos de transporte para los usuarios.

Conclusion

En conclusión, es fundamental para todos los conductores en California tener un conocimiento exhaustivo de los diversos temas cubiertos en los exámenes prácticos de manejo. Desde las leyes y señales de tránsito, hasta el control y la seguridad del vehículo, pasando por el alcohol y las drogas, el equipo y mantenimiento del vehículo, el compartir la vía y el transporte de materiales peligrosos, el registro del vehículo y el seguro, las emergencias, los límites de tamaño y peso del vehículo y el transporte público, todos estos son componentes críticos de una conducción segura y responsable.

Es importante tener en cuenta que los exámenes prácticos de manejo están diseñados para evaluar el conocimiento y comprensión de los conductores sobre estos diversos temas, y asegurarse de que estén preparados y capacitados para operar un vehículo de manera segura en las carreteras de California. Al estudiar y prepararse a fondo para los exámenes prácticos de manejo, los conductores pueden aumentar sus posibilidades de éxito y reducir el riesgo de accidentes y lesiones en la carretera.

Además del conocimiento y habilidades requeridos para aprobar los exámenes prácticos de manejo, también es importante que los conductores estén al tanto de las diversas leyes y regulaciones que se aplican a la conducción en California. Estas incluyen leyes relacionadas con los límites de velocidad, el uso del cinturón de seguridad, el uso del teléfono celular y otras medidas importantes de seguridad. Al seguir estas leyes y regulaciones, los conductores pueden contribuir a garantizar su propia seguridad y la seguridad de los demás en la carretera.

En general, los exámenes prácticos de manejo en California desempeñan un papel vital en la promoción de una conducción segura y responsable, y es importante que todos los conductores los tomen en serio y estén completamente preparados antes de realizar los exámenes. Al demostrar un conocimiento exhaustivo de los diversos temas tratados en los exámenes, y al seguir todas las leyes y regulaciones aplicables, los conductores pueden contribuir a hacer las carreteras de California más seguras para todos.

Además del conocimiento y habilidades requeridos para aprobar los exámenes prácticos de manejo, también es importante que los conductores estén al tanto de las diversas leyes y regulaciones que se aplican a la conducción en California. Estas incluyen leyes relacionadas con los límites de velocidad, el uso del cinturón de seguridad, el uso del teléfono celular y otras medidas importantes de seguridad. Al seguir estas leyes y regulaciones, los conductores pueden contribuir a garantizar su propia seguridad y la seguridad de los demás en la carretera.

También es importante que los conductores estén al tanto de las posibles consecuencias de violar estas leyes y regulaciones. En California, conducir bajo la influencia de alcohol o drogas, exceder los límites de velocidad y otras infracciones de tránsito pueden resultar en multas, puntos en la licencia de conducir e incluso tiempo en prisión. Es esencial que los conductores comprendan la gravedad de estas consecuencias y hagan todo lo posible para evitar cometer infracciones de tránsito.

Además de las consecuencias legales de las infracciones de tránsito, también es importante considerar los costos personales y sociales de una conducción insegura. Los accidentes y las lesiones resultantes de una conducción imprudente o negligente pueden tener impactos graves y duraderos en la vida de las personas involucradas, así como en sus familias y comunidades. Al seguir todas las leyes y regulaciones pertinentes, y al conducir de manera segura y responsable en todo momento, los conductores pueden ayudar a reducir el riesgo de accidentes y lesiones en la carretera.

En general, es esencial que todos los conductores en California comprendan la importancia de una conducción segura y responsable, y que hagan su parte para contribuir a hacer las carreteras más seguras para todos. Al estudiar y prepararse para los exámenes prácticos de manejo, y al seguir todas las leyes y regulaciones aplicables, los conductores pueden contribuir a garantizar su propia seguridad y la seguridad de los demás en la carretera.

Made in the USA
Las Vegas, NV
10 December 2023